成都市市级机关
安全宣传教育集锦

Illustrations of Safety Awarwness

群策群力

群防群治

全机关

《“画”说安全》编审委员会

CHENG DU
成都

机关事务管理系列

Government Office Administration Series

『画』说安全

Safety Illustrated

成都市机关事务管理局／主编

Government Office Administration of Chengdu

四川大学出版社

SICHUAN UNIVERSITY PRESS

项目策划：舒　星
责任编辑：舒　星
责任校对：刘一畅
封面设计：华一广告
责任印制：王　炜

图书在版编目（CIP）数据

“画”说安全 / 成都市机关事务管理局主编．— 成都 : 四川大学出版社，2021.5
（机关事务管理系列）
ISBN 978-7-5614-8937-6

Ⅰ．①画… Ⅱ．①成… Ⅲ．①国家行政机关－公共安全－安全管理－中国 Ⅳ．①D630.8

中国版本图书馆 CIP 数据核字（2021）第 040029 号

书名　“画”说安全
“HUA” SHUO ANQUAN

主　编	成都市机关事务管理局
出　版	四川大学出版社
地　址	成都市一环路南一段 24 号（610065）
发　行	四川大学出版社
书　号	ISBN 978-7-5614-8937-6
印前制作	歆悦广告
印　刷	成都市金雅迪彩色印刷有限公司
成品尺寸	185mm×260mm
印　张	28.25
字　数	333 千字
版　次	2021 年 5 月第 1 版
印　次	2021 年 5 月第 1 次印刷
定　价	180.00 元

◆ 读者邮购本书，请与本社发行科联系。
电话：(028)85408408/(028)85401670/
(028)86408023　邮政编码：610065
◆ 本社图书如有印装质量问题，请寄回出版社调换。
◆ 网址：http://press.scu.edu.cn

四川大学出版社
微信公众号

前言

安全，是城市现代文明的重要标志，也是城市发展的基石。党的十九大报告中指出：“要树立安全发展理念，弘扬生命至上、安全第一的思想”。古诗有云：“泾溪石险人兢慎，终岁不闻倾覆人。却是平流无石处，时时闻说有沉沦。”唐代诗人杜荀鹤这首充满哲学意蕴与辨证思想的《泾溪》，也告诫人们安、危永远相伴，唯有居安思危，处盈虑亏，才能防患于未然。

安全文化是安全工作的灵魂和根基，反映了安全的发展方向和价值取向。发展和创新安全文化，不但是思想文化建设的重要内容，也是推动社会全面进步的一项重要任务。近年来，成都市机关事务管理局积极开展安全文化建设及安全宣传教育，总结了长期以来在安全文化建设过程中收获的成果，编撰了《“画”说安全》一书，旨在宣传安全发展理论、阐释安全方针政策、传播主流价值观，为推进安全文化建设注入源源不断的文化力量。

希望本书的编辑出版能为相关人员了解和研究机关安全发展和文化建设提供参考借鉴，为全面推动机关安全发展贡献力量，为探索创新具有新时代特色的安全文化提供一方沃土。

错漏和不当之处，望批评指正。

FOREWORD

Safety is a hallmark of modern civilisation of the city and a cornerstone of the city's development. Safety is imperative to the healthy, harmonious and stable society, successful economic operations, and the interest of the people. The report of the 19th congress of the Communist Party of China requires us to "establish the notion of safe development and manifest the principles of safety first and life above all". As the ancient poem goes: precarious rocks in the creek render one alerts and none has been heard to have fallen; it is the tranquil waters and rockless sections where many have perished. *The Creek* by Tang poet Du Xunhe, with its philosophical musings and dialectical wisdom, cautions us that safety and dangers always come in pairs, and only with forethought and preparedness can we avoid seeing threats becoming harm.

Safety culture is the soul and foundations of the work on safety and manifests the direction and values of safe development. To develop and innovate in safety culture is not only a key component of ideological and cultural development, but also a key task in promoting social progress across the board. In recent years, Chengdu Municipal Government Offices Administration Bureau has actively engaged itself in safety culture development and safety education campaigns. And in summarising the achievements in the safety culture development, the book *Safety Illustrated* has been produced, to promote safe development theories, explain safety policies and propagate mainstream values, thereby injecting an eternal fountain of cultural momentum into safe culture development.

It is our hope that this publication will provide reference to those who wish to understand and study the safe development and safety culture development in government offices administration, contribute to the safe development of government offices, and become the fertile soil for nurturing the safety culture for a new era.

Comments and criticisms are most welcome.

成都拥有武侯祠、杜甫草堂、永陵、望江楼、青羊宫、文殊院、明蜀王陵、昭觉寺等众多历史名胜古迹和人文景观。成都也是四川大熊猫栖息地，拥有大熊猫基地。现藏于成都金沙遗址博物馆的商周太阳神鸟金饰，已经成为了成都的象征，同时也是成都城市标志的核心图案。商周太阳神鸟金饰的含金量高达94.2%，是用自然砂金加工而成。2005年8月16日，商周太阳神鸟金饰图案从1600余件候选图案中脱颖而出，成为中国文化遗产标志。

上皇西巡南京歌十首（其二）

唐·李白

九天开出一成都，
万户千门入画图。
草树云山如锦绣，
秦川得及此间无。

春夜喜雨

唐·杜甫

好雨知时节，
当春乃发生。
随风潜入夜，
润物细无声。
野径云俱黑，
江船火独明。
晓看红湿处，
花重锦官城。

环球中心
GLOBAL CENTER

成都虽然地处中国西南内陆地区，外部有群山环绕，但从宏观地理位置上考察，成都是中国三大经济带——南方丝绸之路、北方丝绸之路、长江经济带——唯一的交汇点，因而成为古代中国内陆地区对外开放的枢纽。早在先秦时期成都就与东南亚有着十分密切的经济、文化往来，以成都为起点的南方丝绸之路，经云南进入缅甸、印度，于东南亚各国影响力甚大；成都早在先秦时期就与长江中下游地区建立了密切的联系，秦以后通过海上丝绸之路与东北亚、东南亚各国发生经济、文化的交往；成都在汉代是中国重要的丝绸织品生产中心，所产蜀锦独步天下，自汉至唐的数百年间，蜀锦等丝绸织品成为北方丝绸之路的重要商品，远销至中亚、欧洲，产生了重要的国际影响。

成都人具有不排外、汇百流、善吸收、富创新、勇进取的开放性格。开明氏入蜀，带来了荆楚文化；秦定蜀，带来了关中文化；文翁兴学，派蜀人子弟到京师学习中原文化。隋代杨秀作蜀王带来中原高僧，使成都成为佛学中心之一。唐玄宗、僖宗两次“幸蜀”，带来了一大批诗人、画家、歌手和百工技艺之才。清代“湖广填四川”，促进了经济、文化、风俗的交流和融汇。川剧、川菜等，都是集各地之精华而形成的成都特有文化。

目录 CONTENTS

文明礼仪篇
On Civilisation and Manners

安全生产篇
On Production Safety

隐患排查篇
On Identifying Threats

消防应急篇
On Fire Safety

平安法制篇
On Safety Legal Institution

治安维稳篇
On Public Security and Stability

安全运动篇
On Sport Safety

健康卫生篇
On Health and Hygiene

绿色节能篇
On Energy Efficiency

节日祝福篇
On Festivals and Celebrations

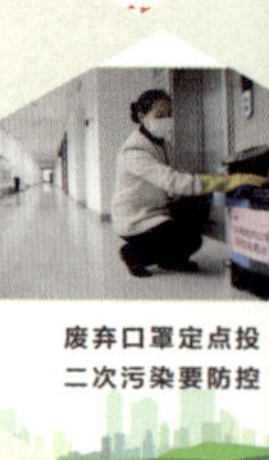

疫情防控篇
On COVID Control

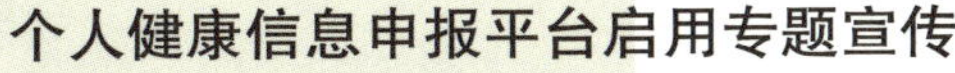

树立安全发展理念，落实安全机关建设

Establish Safe Development Notion, Implement Safe Government Offices Development

15

文明礼仪篇

列宁与卫兵

在俄国革命胜利后，身为最高苏维埃主席的列宁进克里姆林宫时，卫兵洛班诺夫不认识他，一定要他按规定出示证件。

与列宁一起来的那名同志想上前说出列宁身份，让卫兵立即予以放行，被列宁制止了。列宁掏出了证件，卫兵从证件上知道眼前这人就是列宁时，他脸红了，连声说对不起。列宁亲切友好地对他说：“你做的很对，任何人都要坚守制度。”

建设市级机关集中办公区安防综合指挥平台探索

近年来，随着市级机关多个集中办公区的启用，市机关事务管理局在安保方面所担负的监管工作不断增多，安保要求也不断提高，而各集中办公区点多线长、情况各异，安防系统相对独立封闭，给及时、全面和统一掌控各集中办公区的安全情况带来不便，也给应急联动处置突发事件的协调指挥造成了困难。目前市级机关集中办公区安保工作日常监管仍以“派员守点、划片协调”的常规手段为主，在新的安全形势下，为改进和完善管理手段，建设信息化、集成化、科学化的安防综合指挥平台是市级机关集中办公区安保部门需要认真探究的问题。

一、安防指挥平台的功能和框架

（一）**安防综合指挥平台的功能。**市级机关集中办公区安防综合指挥平台作为市级机关集中办公区安防指挥的中枢，具有信息搜集、信息传递、全域监控、实时报警、应急通信、远程指挥、安保服务等功能，为市委、市政府及市机关事务管理局领导及时全面掌握整个办公区日常运行和应急管理情况提供服务保障，为集中办公区安保管理决策提供信息支撑。

（二）**安防指挥平台的总体框架。**根据市级机关集中办公区安防基础设施和安保管理工作现状，结合目前市级机关集中办公区安防工作中对情报信息获取、信息共享、应急联动、辅助决策等的需求。市级机关集中办公区安防指挥平台总体建设框架可包括以下组成部分：一个市级机关集中办公区安防综合指挥平台、多个市级机关集中办公区监控平台、多个由各应急处突联动单位自主建设的指挥平台以及多个智能化移动采集、通信终端。

市级机关集中办公区监控平台分布在各集中办公区，一般由物业公司项目部进行管理，是市级机关集中办公区安防综合指挥平台获取各类信息资源的总渠道。市级机关集中办公区监控平台汇集了安保工作人员的巡查信息、视频监控系统图像信息、各单位各部门通报信息等资源。该平台可对各类信息进行研判分析，实现对办公区的实时化、精细化、智能化管理。

各应急联动单位自主建设的指挥平台主要指与市级机关集中办公区应急联动的单位，如市委市政府总值班室、武警执勤分队、属地公安机关应急指挥中心、交管部门、消防部门自主建设开发的应急指挥平台，可与市级机关集中办公区安防综合指挥平台进行信息应急联动，是整个综合指挥平台不可缺少的部分。

智能化移动采集、通信终端主要用于现场信息的采集、指挥协调、处置保障。安保工作人员在日常的巡逻、值守中可将发现的隐患和问题通过移动终端上传至安防综合指挥平台，以便相关部门及时消除。该移动终端还可用于办公区安防基础信息的采集。安保工作人员将采集到的安防基础信息通过无线网络及时上传至服务器（云端）的数据库系统，获得授权的部门可登陆信息系统对数据进行查看，指导安保工作的有序开展。

（三）安防综合指挥平台的技术架构。安防综合指挥平台技术架构以信息安全与数据容灾备份为保障，将平台分为数据层、网络和应用三个层面，确保各单位数据互联互通和资源共享。

其中数据层主要利用视频监控、周界报警、红外对射等设备，实时地获取安防现状信息。网络层主要通过各类相关网络，主要为政务外网、视频监控专网、无线宽带专网，对信息进行安全可靠的传输。应用层主要是运用云计算、云储存等技术，对获取的信息进行有效整合、处理加工，通过有效的管理应用模式支撑市级机关集中办公区的安保工作，服务科学决策。

二、安防综合指挥平台建设的方向

（一）**前瞻性和稳定性**。集中办公区安防综合指挥平台的建设，在平台的规划和设计上要有前瞻性。应结合信息化发展的趋势，特别是要运用当前大数据及“互联网+”的思维，如为每个安保工作人员配备智能化移动终端，通过“云技术”等信息化手段，将实时的安防数据上传至服务器，供管理人员研判分析，更好地为安保决策服务。在建设时要确保相关硬件、软件、数据的运行稳定可靠，建立合理的备份、冗余、容灾和系统维护机制。

（二）**注重资源整合和信息共享**。集中办公区安防综合指挥平台建设的重要任务之一是不断地整合各类信息资源，特别是要将分散在各个办公区的信息资源进行统一，所以在指挥平台的建设过程中要充分考虑集中办公区内各类信息资源共享的重要性。信息共享的程度越高，共享的信息量就越大，那么各种形式的信息资源就可得到最大限度的使用。

（三）**平台的扩展性和开放性要相结合**。安防综合指挥平台在建设上要具备扩展性和开放性，能够与市委市政府总值班室、市级机关各集中办公区物业监控中心、属地公安机关应急指挥中心、交管、反恐防暴、消防等部门实现信息和数据的交换和共享。在设计中要充分调研各联动部门相关系统平台的基本情况，保证系统接口和协议的标准统一。

三、安防综合指挥平台的建设内容

市级机关集中办公区安防综合指挥平台的建设以各集中办公区监控系统、地理信息资源、各类安防基础信息为依托，建立独立的信息化指挥平台。该平台至少包含视频监控系统、大屏幕显示系统、语音通信系统、无线通信系统、视频调度系统。

（一）**视频监控系统**。要整合各集中办公区视频监控系统，实现对各种视频设备统一的监控、配置、管理，如实时视频监控、历史视频检索和回放、设备管理及控制等。

（二）**大屏幕显示系统**。安防综合指挥平台要建立大屏幕显示系统，实现对大屏的网络、多点操作，通过平台软件监控页面的操作实现视频上屏及图像切换操作。

（三）**语音通讯系统**。语音通讯系统是用于支撑各种呼叫控制、调动媒体资源等直接为用户提供语音、传真、会议、短信、坐席服务的基础CTI（计算机电话集成）平台，系统要求实现对现有的模拟话机、IP话机、传真机接入，与视频系统互联互通。

（四）**800M无线通讯系统**。通过对该系统的集成，在平台也可实现对800M终端的调度，包括终端的在线状态、对讲功能、放音功能、呼出功能、接听功能、监听功能、挂断功能等。

（五）**视频调度系统**。建设二级视频调度系统，可实现安防综合指挥平台与各物业监控中心视频的互联，达到有效指挥、有效调度的效果。

本文仅对建设市级机关集中办公区安防综合指挥平台在方向上、功能及框架上做了初步的探索。在具体的实施过程中还需在基础设施配套、制度机制完善、设备技术支撑等方面做进一步的探讨。

请主动
出示证件

中央国家机关文明单位建设管理及暂行办法（2002）（节选）

第二章　组织机构

第六条　中央国家机关精神文明建设协调领导小组是中央国家机关精神文明建设工作协调领导机构。其主要职责是督促检查、协调指导、组织落实、总结推广各部门精神文明建设工作，制定并完善各项规章制度，评选、表彰文明单位。其办事机构为中央国家机关精神文明建设协调领导小组办公室（设在国务院机关事务管理局后勤改革与综合管理司），负责日常管理工作。

第七条　各单位要建立相应的精神文明建设协调领导机构和办事机构。领导机构由党政主要领导兼任负责人，办事机构要配有专人负责日常工作。其主要职责抓好本单位、本系统的精神文明建设工作，做好创建文明单位活动的规划、协调、组织、指导和监督检查工作，以保证精神文明建设工作的深入开展。

办公秩序共同维护
文明机关从我做起

- 请配合门岗出入验证管理，主动出示工作证件；
- 请勿在办公区内吸烟、乱扔果皮纸屑；
- 保持消防通道的畅通、维护公共设施设备的完好；
- 下班时，关闭电源、关好门窗，落实工作资料保密要求。

- 请规范仪容仪表后进入办公区，着装整洁、发型自然得体，不穿运动服、短裤、吊带衣、拖鞋等上班；
- 办公区内请勿高声喧哗、嬉戏打闹，注意礼节礼貌。

- 做好办公区节能降耗工作，认真执行国家规定的空调设定温度（夏季不低于26℃，冬季不高于20℃），房间无人时不开启空调。

第三章 文明单位标准

第八条 申报中央国家机关文明单位，必须符合下列标准：

（一）领导班子坚强有力。以“三个代表”重要思想为指导，坚持“两手抓，两手都要硬”的指导方针，形成一套两个文明建设一起抓的完整思路、组织体系、工作格局和有效形式。领导班子自身建设好，以身作则，团结协作，形成合力，讲政治、风气正，坚持贯彻执行党的路线、方针、政策，解放思想，实事求是，与时俱进，开拓创新。

（二）精神文明建设工作机制健全。建立健全党政统一领导、主要领导亲自抓，党政工团齐抓共管的组织领导体系；实行分级管理、分类指导、责权明确的目标责任制；建立两个文明统一部署、统一实施、统一考核、统一奖惩的激励约束机制，创建工作制度化、经常化、成效显著。

（三）机关作风建设好。按照“廉洁、勤政、务实、高效”的要求，依法行政，文明服务，切实做到“态度好、服务好、廉政好”，形成人人争做人民满意公务员的良好氛围。

企事业单位依法经营，照章纳税，诚实守信，开拓进取，经济效益和社会效益显著。

营造优良秩序
共建文明机关

文明驾驶　牢记心中

减速慢行　礼让行人

（四）思想道德建设好。坚持依法治国与以德治国相结合，着力提高干部职工的思想道德素质，有贯彻落实《公民道德建设实施纲要》的行为规范和具体措施，检查落实措施到位。继续深入开展“三观”（世界观、人生观、价值观）、“三德”（职业道德、社会公德、家庭美德）的教育，培养有理想、有道德、有文化、有纪律的职工队伍，自觉遵守国家的法律、法规及各项规章制度，遵守《首都市民文明公约》，积极参加各种社会公益活动。

（五）廉政建设制度健全，措施得力。反腐倡廉学习教育活动经常化，建立和完善党风廉政建设责任制，制定监督有力、制约有效的具体措施，无违反党纪国法的事件发生。

（六）用先进的文化占领阵地。重视文化建设和智力投资，加强对在职人员的政治理论及业务知识的培训，不断提高干部职工的科学文化素质和文明素质。要有一定的文体活动场所和设施。经常开展丰富多彩、健康有益、寓教于乐的文体活动，定期开展离退休人员的精神文化生活活动。

提供优质服务
共建文明机关

请主动出示您的证件

相互理解　主动配合

（七）安全稳定无事故。社会治安综合治理、交通安全管理机构及管理制度健全，措施落实，无重大安全事故，无重大刑事案件，无重大交通责任事故，社会治安综合治理工作达标。

（八）环境整洁优美。完成义务植树和养护任务，因地制宜搞好庭院绿化美化，做到三季有花，四季常青，黄土不露天，庭院绿化面积达到可绿化面积95%以上，环保工作达标。

（九）计划生育工作达标。认真执行计划生育政策，深入开展人口与计划生育宣传教育活动，计划生育率、晚育率达100%，晚婚率达95%以上，无违反计划生育政策现象。

（十）认真执行各项卫生法规。有健全的卫生制度和明确的卫生责任制，积极参与首都城市综合整治活动，室内外环境干净整洁，无卫生死角，落实门前“三包”。做好卫生防疫工作，食堂卫生达标，无食物中毒事件。

……

创造优美环境
共建文明机关

环境关系你我他

垃圾分类靠大家

第五章 文明单位管理

第十三条 文明单位原则上实行分级管理。中央国家机关文明单位、首都文明单位及全国文明单位委托所在部、委、直属机构精神文明建设协调领导小组管理，对文明单位的日常管理包括：

（一）检查、督促本部门、本系统文明单位创建规划的实施，组织、指导、协调本部门、本系统文明单位创建活动的开展。

（二）宣传、总结、推广文明单位的先进典型经验，有针对性地进行分类指导。

（三）沟通文明单位之间的横向联系，协调有关部门共同开展创建文明单位活动。

（四）建立文明单位档案。档案内容：创建单位概况，创建规划、有关文件、重要会议材料、文明单位申报表、检查考核记录、年终工作总结、奖惩记录。

（五）加强对文明单位的检查考核，在单位自查的基础上，至少每年复查一次。

第十四条 为体现文明单位的先进性，保证文明单位的质量，对于发生严重问题已不符合标准的文明单位，命名机关及其主管部门可根据情节轻重，给予批评，要求限期整改，直至收回文明单位标牌。

不忘初心
牢记使命
1949—2019

中华人民共和国环境保护法（2014修订）（节选）

第三章 保护和改善环境

第二十八条 地方各级人民政府应当根据环境保护目标和治理任务，采取有效措施，改善环境质量。

未达到国家环境质量标准的重点区域、流域的有关地方人民政府，应当制定限期达标规划，并采取措施按期达标。

第二十九条 国家在重点生态功能区、生态环境敏感区和脆弱区等区域划定生态保护红线，实行严格保护。

各级人民政府对具有代表性的各种类型的自然生态系统区域，珍稀、濒危的野生动植物自然分布区域，重要的水源涵养区域，具有重大科学文化价值的地质构造、著名溶洞和化石分布区、冰川、火山、温泉等自然遗迹，以及人文遗迹、古树名木，应当采取措施予以保护，严禁破坏。

第三十条 开发利用自然资源，应当合理开发，保护生物多样性，保障生态安全，依法制定有关生态保护和恢复治理方案并予以实施。

引进外来物种以及研究、开发和利用生物技术，应当采取措施，防止对生物多样性的破坏。

20
2019

第三十一条 国家建立、健全生态保护补偿制度。

国家加大对生态保护地区的财政转移支付力度。有关地方人民政府应当落实生态保护补偿资金，确保其用于生态保护补偿。

国家指导受益地区和生态保护地区人民政府通过协商或者按照市场规则进行生态保护补偿。

第三十二条 国家加强对大气、水、土壤等的保护，建立和完善相应的调查、监测、评估和修复制度。

第三十三条 各级人民政府应当加强对农业环境的保护，促进农业环境保护新技术的使用，加强对农业污染源的监测预警，统筹有关部门采取措施，防治土壤污染和土地沙化、盐渍化、贫瘠化、石漠化、地面沉降以及防治植被破坏、水土流失、水体富营养化、水源枯竭、种源灭绝等生态失调现象，推广植物病虫害的综合防治。

县级、乡级人民政府应当提高农村环境保护公共服务水平，推动农村环境综合整治。

第三十四条 国务院和沿海地方各级人民政府应当加强对海洋环境的保护。向海洋排放污染物、倾倒废弃物，进行海岸工程和海洋工程建设，应当符合法律法规规定和有关标准，防止和减少对海洋环境的污染损害。

第三十五条 城乡建设应当结合当地自然环境的特点，保护植被、水域和自然景观，加强城市园林、绿地和风景名胜区的建设与管理。

第三十六条 国家鼓励和引导公民、法人和其他组织使用有利于保护环境的产品和再生产品，减少废弃物的产生。

国家机关和使用财政资金的其他组织应当优先采购和使用节能、节水、节材等有利于保护环境的产品、设备和设施。

第三十七条 地方各级人民政府应当采取措施，组织对生活废弃物的分类处置、回收利用。

第三十八条 公民应当遵守环境保护法律法规，配合实施环境保护措施，按照规定对生活废弃物进行分类放置，减少日常生活对环境造成的损害。

第三十九条 国家建立、健全环境与健康监测、调查和风险评估制度；鼓励和组织开展环境质量对公众健康影响的研究，采取措施预防和控制与环境污染有关的疾病。

一封机关工作人员的来信

建好机关食堂事关广大干部职工的身体健康和幸福感、获得感。近期，我们收到一封机关工作人员关于食堂包子外卖问题意见建议的来信，这让我们深切感受到了干部职工对食堂工作的关心、关注和关爱。中肯的建议是我们努力的方向，诚挚的关爱是我们前进的动力，我们将和全体干部职工一道践行“共建共享”管理理念，围绕市委市政府中心工作，为机关提供更多、更好、更优质的服务保障。

我是市级第三办公区的一名工作人员，三办食堂的包子很美味，引得大家蜂拥而至，排队如长龙，插队人也难以计数，排插队前面者，经常可见有人一买就是7、8袋包子，还有甚者上10袋，导致按正常顺序排前十者，因为插队可能会变成第二十位甚至更后面，因为没限购可能连包子的影子都难以瞧见。因此，我建议：

1.三办能够生产更多数量的美味包子；

2.三办食堂也像四办食堂一样，一人限购3袋或4袋包子，让更多的人能享受到组织的温暖；

3.像四办食堂一样卖多品种卤味并限购。再次感谢机关事务局辛勤的工作人员。

成都市长信箱办理转办单

工单编号：

派单单位：	市网络理政办	交办次序：	初次交办
办理性质：	主办	办理期限：	2019-12-11 23:59:00
来信人：		联系电话：	
联系地址：			
来信主题：	市级第三办公区食堂外卖包子问题		

来信内容：

（成都市级第三办公区食堂外卖包子问题）我是一名市级第三办公区的工作人员，三办食堂的包子很美味，引得大家蜂拥而至，排队如长龙，插队人也难以计数，排插队前面者，经常可见有人一买就是7、8袋包子，还有甚者上10袋，导致按正常顺序排前十者，因为插队可能会变成第二十位甚至更后面，因为没限购可能连包子的影子都难以瞧见。因此，我建议：1.三办能够生产更多数量的美味包子；2.三办食堂也像四办食堂一样，一人限购3袋或4袋包子，让更多的人能享受到组织的温暖；3.像四办食堂一样卖多品种卤味并限购。再次感谢机关事务局辛勤的工作人员。

承办处（科）室：		经办人：	

办理结论（可另附页）：

签批意见：	审核意见：

备注：

第四章 防治污染和其他公害

第四十条 国家促进清洁生产和资源循环利用。

国务院有关部门和地方各级人民政府应当采取措施，推广清洁能源的生产和使用。

企业应当优先使用清洁能源，采用资源利用率高、污染物排放量少的工艺、设备以及废弃物综合利用技术和污染物无害化处理技术，减少污染物的产生。

第四十一条 建设项目中防治污染的设施，应当与主体工程同时设计、同时施工、同时投产使用。防治污染的设施应当符合经批准的环境影响评价文件的要求，不得擅自拆除或者闲置。

第四十二条 排放污染物的企业事业单位和其他生产经营者，应当采取措施，防治在生产建设或者其他活动中产生的废气、废水、废渣、医疗废物、粉尘、恶臭气体、放射性物质以及噪声、振动、光辐射、电磁辐射等对环境的污染和危害。

排放污染物的企业事业单位，应当建立环境保护责任制度，明确单位负责人和相关人员的责任。

重点排污单位应当按照国家有关规定和监测规范安装使用监测设备，保证监测设备正常运行，保存原始监测记录。

严禁通过暗管、渗井、渗坑、灌注或者篡改、伪造监测数据，或者不正常运行防治污染设施等逃避监管的方式违法排放污染物。

……

安全生产篇

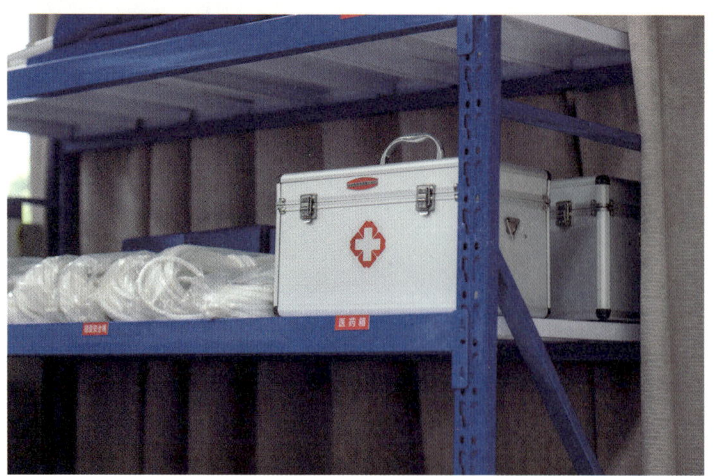
医药箱

有电危险
变频控制装置

市级机关集中办公区安防数字化建设的探索与实践

当前，成都市正处于加快建设全面体现新发展新理念的国家中心城市的关键时期，全市经济社会的发展、政务活动的开展都离不开安全稳定的机关办公环境，如果将事务和政务比作一架马车的两只轮子，那么机关的安全就是事务这只轮子的轮毂。在2017年召开的市第十三次党代会指出，“要牢牢守住社会稳定、安全生产、食品药品监管‘三条底线’，确保城市安全、社会安定、市民安宁”，作为市级机关集中办公区安全的监管部门，我们更应该牢固树立安全责任重于泰山的意识，时刻紧绷安全生产责任这根弦，以切实有效的办法，有效推进“数字机关”的建设，进一步提升机关事务保障水平。

一、对安防数字化建设的认识和思考

（一）安防数字化建设是市级机关社会治安综合治理的重要抓手。加强社会治安防控网建设、提高社会治安防控体系建设科技水平，为近几年来全市社会治安综合治理的重要工作内容，市级机关的社会治安综合治理工作也不例外。在集中办公区实施安防数字化建设，就是要充分运用互联网+、大数据、物联网等科技手段，整合信息资源、技术资源、人力资源，持续完善“人防、物防、技防”+“制度防”的机关综治防控体系，促使力量从“分散”向“统一”、信息从“封闭”向“开放”、管理从“粗放”向“精细”持续转变，使之成为加强社会治安防控的有效措施，落实市级机关社会综合治理的重要抓手。

（二）安防数字化建设是推进安全生产领域改革发展的重要内容。中共中央国务院在出台的《关于推进安全生产领域改革发展的意见》中明确提出，要加强安全基础保障能力的建设，建立安全科技支撑体系，运用大数据技术开展安全生产规律性、关联性特征分析，提高安全生产决策科学化水平。在集中办公区实施数字化建设，使安防、消防、电梯、弱电等设施设备在“数字化”轨道运行，有效提高了安全生产检测能力；通过数据化的分析，为监管部门科学决策提供了数据支撑；通过数字化监管，进一步提升指挥协调、快速反应、监督管理的能力，从而实现了集中办公区安全生产的改革发展新跨越。

（三）安防数字化建设是提升应急处突水平的重要手段。按照市政府提升信息报送效率和迅速处置突发事件能力的要求，特别是针对市级机关重要集中办公区内发生的暴恐袭击、大规模群体聚集、特别重大刑事案件、重大自然灾害等事件要建立10分钟速报机制，安防数字化就保障了信息得以第一时间传达，指示第一时间得以落实。通过末端响应，能迅速将突发事件向上传达，实现“扁平化”指挥；经过数据分析，对事件的性质和危害程度进行判别，为决策提供依据；通过数字化联动，联合处置突发事件实现简易和高效。

二、对安防数字化建设的初步探索

近年来，随着市级机关多个集中办公区的启用，市机关事务管理局在安保方面所担负的监管工作和安保要求也不断增加，要建设适用于集中办公区的数字化安防系统，必须要从现状分析，积极探索，找准目标、结合实际、突出重点，才能解决好实际存在的困难，把安防数字化系统规划和建设得更加科学、有效。

（一）分析现状，找准目标。从现状分析，一是集中办公区点多线长情况各异，安防系统相对独立封闭，形成了信息孤岛，给及时全面和统一掌控各集中办公区的安全情况带来不便，也给应急联动处置突发事件的协调指挥造成了困难；二是集中办公区安保工作日常监管手段依然缺乏新手段、新方法，由于缺乏信息化技术支撑，仍以“派员守点、划片协调”的常规手段为主，远达不到所期望的目标；三是设施设备陈旧老化严重，如市级机关绝大部分集中办公区，监控设备信号基本为模拟信号，监控指挥中心设备老化，图像显示不清晰，个别办公区甚至在整个楼宇都未安装监控系统。

在新的安全形势下，为改进和完善管理手段，在集中办公区建设科学有效数字化安防系统是提升监管水平、提供决策支撑的重要途径。

（二）树立理念，注重共享。在安防数字化的建设的规划和设计上要有前瞻性，应结合信息化发展的趋势，特别是要运用当前大数据及“互联网+”的思维，通过“云技术”等信息化手段，更好的为安防决策服务。在建设时要确保相关硬件、软件、数据的运行稳定可靠，建立合理的备份、冗余、容灾和系统维护机制。

集中办公区安防综合指挥平台的建设的重要任务之一是不断地整合各类信息资源，特别是要将分散在各个办公区的信息资源进行统一集中，所以在指挥平台的建设过程中要充分考虑集中办公区内各类信息资源的共享的重要性，信息共享的程度越高，共享的信息量就越大，那么各种形式的信息资源就可得到最大限度的使用。

（三）结合实际，强化管理。安防数字化建设要注重与市级机关各集中办公区的特点相结合，应具备扩展性和开放性。在规划中，要充分考虑能够与市委市政府总值班室、市级机关各集中办公区物业监控中心、属地公安机关应急指挥中心、交管、消防等部门实现信息和数据的交换和共享。在设计中，要充分调研各联动部门相关系统平台的基本情况，保证系统接口和协议的标准统一。建设完成后的系统在于实用，我们应重视数字化系统所采集数据的真实性和有效性的管理，加强系统日常运行的监督检查，防止安防数字化建设的成果变成简单完成任务，应将其作为监管部门重要考核内容之一。

三、安防数字化建设的规划和实践

市级机关集中办公区监管指挥中心的建设，作为今年乃至今后几年打造的“数字机关”重点项目，在建设前期应做好科学规划，并向其他已经建设并投入使用的单位借鉴经验，要充分发挥集中办公区安全管理优势，弥补存在的不足，将其打造成具有成都市机关事务管理特色的，高标准、高性能的监管指挥中心。

（一）监管指挥中心实现功能。市级机关集中办公区监管指挥中心作为市级机关集中办公区安防指挥的中枢，具有信息搜集、信息传递、全域监控、实时报警、应急通信、远程指挥等功能，为市委、市政府及市机关事务管理局领导及时全面掌握整个办公区日常运行和应急管理情况提供服务保障，为集中办公区安全管理决策提供信息支撑。

（二）监管指挥中心建设目标。市级机关集中办公区监管指挥中心将围绕“连得通、看得见，叫得应”这个基础目标来实施。“连得通”主要解决数据信息的接入问题，将分散于各个办公区的数据信息、各个独立安防系统的信息统一集中至监管指挥中心；“看得见”解决的是视频图像的从下往上的采集和传输，乃至呈现过程；“叫得应”主要解决的是指令的及时下达和反馈的需要，也就是指挥调度问题。监管指挥中心建设完成后，能够更好的加强市级机关集中办公区的安防数字化管理，实现“全程可视化综合管控”，集全域监控、事件受理和处置、事后分析于一体的现代化指挥平台。

（三）监管指挥中心建设主要内容。

1.视频监控系统。全面升级和改造监控设备，使其从“模拟信号”向“数字信号”转变，监控区域实现全覆盖、无盲点，确保在监管指挥中心可以调取所有集中办公区监控视频。

2.大屏显示系统。在监管指挥中心建立大屏显示系统，实现对大屏的网络、多点操作，通过平台软件监控页面的操作实现视频上屏及图像切换操作，便于决策和指挥。

3.指挥中心通信机房。通过机房的建设，实现对设备提供“7×24×365”模式的供电保障，为设备提供可靠的运行环境，对各专业系统设备提供安全的运行空间和网络链路。

4.无线通信系统。通过对该系统的集成，在平台也可实现对800M终端的调度，包括终端的在线状态、对讲功能、放音功能、呼出功能、接听功能、监听功能、挂断功能等。

5.独立而统一的子系统。建立相对独立的“秩序维护子系统”“通讯指挥子系统”“智慧消防子系统”及“电梯监控子系统”，实现资源集中，并在监控指挥中心进行统一监管。

四、监管指挥中心建设的实施步骤

（一）前期实现资源整合。一是科学建设中心机房。前期中心机房的建设以南区7个办公区现有机房数据接入为主，在规划中心机房面积时预留其他5个办公区域所需空间；二是指挥中心建设。指挥中心是整个监管指挥系统的中枢，在指挥中心内应包含大屏系统、指挥系统、会议系统等内容；三是监控视频整合。在重点区域首先实现高清的基础上，将视频信号整合到指挥中心；四是信号接入。将第一至第六办公区消防数据、电梯运行数据、报警信号数据等接入至指挥中心；五是实现指挥通信。在指挥系统上实现终端调度，实现上传下达的功能。

（二）中期实现指挥协调。一是基于“综合管理平台”建设“秩序维护子系统”“通讯指挥子系统”“智慧消防子系统”和“电梯监控子系统”；二是接入其余六个办公区各项数据信息，实现全覆盖；三是逐步将各个办公区进行分项系统升级改造，达到统一标准、统一监管、统一指挥的建设目标。

（三）**后期实现智慧提升**。以“楼宇自动化”“指挥智慧化”系统建设为目标，进一步融合“大数据”“互联网+”“物联网”等先进技术，一方面针对各子系统增设感知设备，另一方面在后端对各类数据分析汇总，并实现在指挥中心大屏显示系统中呈现，通过三维技术手段，对各类数据进行可视化分析，全面实现智慧提升。

用电安全知识

1 办公场所应使用固定插座，不得乱拉电线，避免超负荷用电，避免绊倒或发生触电事故。

2 电线不要受潮、受热、受腐蚀或碰伤，电线绝缘老化的，应及时更换。

3 若电器设备长期不使用或者需要移动位置时，应关闭电源开关或拔掉插头。

4 若发现安全隐患，应及时上报、维修。

安全用电管理暂行规定（节选）

第二章　安全用电要求

第十条　受电电压等级为10千伏及以上的电力用户应当履行下列安全用电义务：

（一）建立健全安全用电管理制度、操作规程，配备具有相关职业资格的安全用电管理人员和安全工器具；

（二）按照国家标准、行业标准以及技术规范对用电设施进行设计、安装、试验，定期开展检修维护和预防性试验，建立用电设施基础信息档案；

（三）严格执行有序用电方案；

（四）按照国家有关安全防范规定，对重要用电设施以及供电重要部位采取人防、物防、技防措施；

（五）编制突发停电或者涉电安全事故应急预案，定期组织演练；

（六）规范设置用电设施安全警示标识；

（七）协助用电安全事故调查处理工作。

第十一条　县级以上人民政府电力管理部门确定的重要电力用户的供电电源配置应当符合国家标准或者行业标准和技术规范，满足持续用电的要求。

安全用电
你我同行

第三章 安全用电服务

第十三条 供电企业应当加强输变配电设施安全管理，制定落实电网安全稳定运行的安全技术措施，向用户提供符合国家标准的电能，并及时解决公用供电设施引起的供电质量问题。

第十四条 供电企业应当开展电网安全运行、重大活动保障供电专项用电检查，加强重要供电设施的运行维护与管理，排除安全隐患，制定应急预案，防止和避免事故发生。

……

第十六条 供电企业应当定期对重要电力用户提供安全用电服务，指导重要电力用户配置和使用自备应急电源、建立安全用电管理制度和编制安全用电事故应急处置预案。

第十七条 供电企业发现电力用户用电设施存在安全隐患时，应当及时告知，指导其予以消除。

第十八条 供电企业应当制定电力供应突发事件的应急处置预案，建立应急救援组织，配备救援器材设备，完善预警机制，定期组织演练。

因严重自然灾害或者重大安全事故引起大面积停电的，供电企业应当立即启动相应应急预案，尽快抢修，优先对重点地区和重要电力用户恢复供电。

安
安全生产月
AN QUAN SHENG CHAN YUE
人人讲安全
REN REN JIANG AN QUAN

中华人民共和国安全生产法（2014修正）（节选）

第二章　生产经营单位的安全生产保障

第十七条　生产经营单位应当具备本法和有关法律、行政法规和国家标准或者行业标准规定的安全生产条件；不具备安全生产条件的，不得从事生产经营活动。

第十八条　生产经营单位的主要负责人对本单位安全生产工作负有下列职责：

（一）建立、健全本单位安全生产责任制；

（二）组织制定本单位安全生产规章制度和操作规程；

（三）组织制定并实施本单位安全生产教育和培训计划；

（四）保证本单位安全生产投入的有效实施；

（五）督促、检查本单位的安全生产工作，及时消除生产安全事故隐患；

（六）组织制定并实施本单位的生产安全事故应急救援预案；

（七）及时、如实报告生产安全事故。

第十九条　生产经营单位的安全生产责任制应当明确各岗位的责任人员、责任范围和考核标准等内容。

生产经营单位应当建立相应的机制，加强对安全生产责任制落实情况的监督考核，保证安全生产责任制的落实。

第二十条　生产经营单位应当具备的安全生产条件所必需的资金投入，由生产经营单位的决策机构、主要负责人或者个人经营的投资人予以保证，并对由于安全生产所必需的资金投入不足导致的后果承担责任。

安全生产月
WORK SAFETY MONTH
防风险 除隐患 遏事故
隐患
事故

有关生产经营单位应当按照规定提取和使用安全生产费用，专门用于改善安全生产条件。安全生产费用在成本中据实列支。安全生产费用提取、使用和监督管理的具体办法由国务院财政部门会同国务院安全生产监督管理部门征求国务院有关部门意见后制定。

第二十一条 矿山、金属冶炼、建筑施工、道路运输单位和危险物品的生产、经营、储存单位，应当设置安全生产管理机构或者配备专职安全生产管理人员。

前款规定以外的其他生产经营单位，从业人员超过一百人的，应当设置安全生产管理机构或者配备专职安全生产管理人员；从业人员在一百人以下的，应当配备专职或者兼职的安全生产管理人员。

第二十二条 生产经营单位的安全生产管理机构以及安全生产管理人员履行下列职责：

（一）组织或者参与拟订本单位安全生产规章制度、操作规程和生产安全事故应急救援预案；

（二）组织或者参与本单位安全生产教育和培训，如实记录安全生产教育和培训情况；

（三）督促落实本单位重大危险源的安全管理措施；

（四）组织或者参与本单位应急救援演练；

（五）检查本单位的安全生产状况，及时排查生产安全事故隐患，提出改进安全生产管理的建议；

安全生产月
WORK SAFETY MONTH
防风险
除隐患
遏事故

（六）制止和纠正违章指挥、强令冒险作业、违反操作规程的行为；

（七）督促落实本单位安全生产整改措施。

第二十三条 生产经营单位的安全生产管理机构以及安全生产管理人员应当恪尽职守，依法履行职责。

生产经营单位作出涉及安全生产的经营决策，应当听取安全生产管理机构以及安全生产管理人员的意见。

生产经营单位不得因安全生产管理人员依法履行职责而降低其工资、福利等待遇或者解除与其订立的劳动合同。

危险物品的生产、储存单位以及矿山、金属冶炼单位的安全生产管理人员的任免，应当告知主管的负有安全生产监督管理职责的部门。

第二十四条 生产经营单位的主要负责人和安全生产管理人员必须具备与本单位所从事的生产经营活动相应的安全生产知识和管理能力。

危险物品的生产、经营、储存单位以及矿山、金属冶炼、建筑施工、道路运输单位的主要负责人和安全生产管理人员，应当由主管的负有安全生产监督管理职责的部门对其安全生产知识和管理能力考核合格。考核不得收费。

危险物品的生产、储存单位以及矿山、金属冶炼单位应当有注册安全工程师从事安全生产管理工作。鼓励其他生产经营单位聘用注册安全工程师从事安全生产管理工作。注册安全工程师按专业分类管理，具体办法由国务院人力资源和社会保障部门、国务院安全生产监督管理部门会同国务院有关部门制定。

牢记安全法则 严守安全底线

海恩法则：

每一起严重事故的背后，必然有29次轻微事故、300起未遂先兆以及1000起事故隐患。

防于未然 严于始终

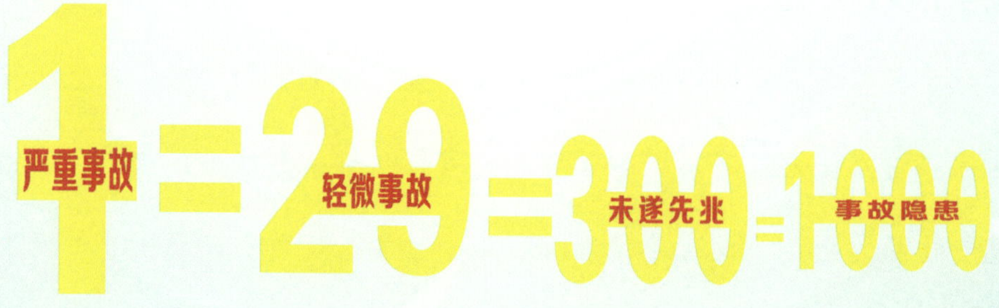

第二十五条 生产经营单位应当对从业人员进行安全生产教育和培训，保证从业人员具备必要的安全生产知识，熟悉有关的安全生产规章制度和安全操作规程，掌握本岗位的安全操作技能，了解事故应急处理措施，知悉自身在安全生产方面的权利和义务。未经安全生产教育和培训合格的从业人员，不得上岗作业。

生产经营单位使用被派遣劳动者的，应当将被派遣劳动者纳入本单位从业人员统一管理，对被派遣劳动者进行岗位安全操作规程和安全操作技能的教育和培训。劳务派遣单位应当对被派遣劳动者进行必要的安全生产教育和培训。

生产经营单位接收中等职业学校、高等学校学生实习的，应当对实习学生进行相应的安全生产教育和培训，提供必要的劳动防护用品。学校应当协助生产经营单位对实习学生进行安全生产教育和培训。

生产经营单位应当建立安全生产教育和培训档案，如实记录安全生产教育和培训的时间、内容、参加人员以及考核结果等情况。

第二十六条 生产经营单位采用新工艺、新技术、新材料或者使用新设备，必须了解、掌握其安全技术特性，采取有效的安全防护措施，并对从业人员进行专门的安全生产教育和培训。

第二十七条 生产经营单位的特种作业人员必须按照国家有关规定经专门的安全作业培训，取得相应资格，方可上岗作业。

特种作业人员的范围由国务院安全生产监督管理部门会同国务院有关部门确定。

牢记安全法则 严守安全底线

墨菲定律：

凡事只要有可能出错，那就一定会出错。墨菲定律揭示了一个客观事实：小概率事件是会发生的，而且发生的频率要稍稍高于普通人常识所认定的水准。所以，不能忽视小概率危险事件。正是人们通常误认为小概率事件不会发生，麻痹了人们的安全意识，加大事故发生的可能性，结果可能是事故频发。

警惕小概率危险事件

第二十八条 生产经营单位新建、改建、扩建工程项目（以下统称建设项目）的安全设施，必须与主体工程同时设计、同时施工、同时投入生产和使用。安全设施投资应当纳入建设项目概算。

……

第三十条 建设项目安全设施的设计人、设计单位应当对安全设施设计负责。

……

第三十二条 生产经营单位应当在有较大危险因素的生产经营场所和有关设施、设备上，设置明显的安全警示标志。

第三十三条 安全设备的设计、制造、安装、使用、检测、维修、改造和报废，应当符合国家标准或者行业标准。

生产经营单位必须对安全设备进行经常性维护、保养，并定期检测，保证正常运转。维护、保养、检测应当作好记录，并由有关人员签字。

第三十四条 生产经营单位使用的危险物品的容器、运输工具，以及涉及人身安全、危险性较大的海洋石油开采特种设备和矿山井下特种设备，必须按照国家有关规定，由专业生产单位生产，并经具有专业资质的检测、检验机构检测、检验合格，取得安全使用证或者安全标志，方可投入使用。检测、检验机构对检测、检验结果负责。

牢记安全法则 严守安全底线

慧眼 法则

慧眼法则：

各级领导和管理人员要了解掌握本单位生产实际和安全生产管理现状，熟知与本单位生产经营活动相关的法律法规、标准规范、安全操作规程和事故案例，造就一双“慧眼”，结合本单位实际，熟练准确发现安全问题和隐患所在，采取措施，及时整改问题和隐患，不断改进和加强本单位安全生产工作。

练就发现隐患的慧眼

第三十五条 国家对严重危及生产安全的工艺、设备实行淘汰制度，具体目录由国务院安全生产监督管理部门会同国务院有关部门制定并公布。法律、行政法规对目录的制定另有规定的，适用其规定。

省、自治区、直辖市人民政府可以根据本地区实际情况制定并公布具体目录，对前款规定以外的危及生产安全的工艺、设备予以淘汰。

生产经营单位不得使用应当淘汰的危及生产安全的工艺、设备。

第三十六条 生产、经营、运输、储存、使用危险物品或者处置废弃危险物品的，由有关主管部门依照有关法律、法规的规定和国家标准或者行业标准审批并实施监督管理。

生产经营单位生产、经营、运输、储存、使用危险物品或者处置废弃危险物品，必须执行有关法律、法规和国家标准或者行业标准，建立专门的安全管理制度，采取可靠的安全措施，接受有关主管部门依法实施的监督管理。

第三十七条 生产经营单位对重大危险源应当登记建档，进行定期检测、评估、监控，并制定应急预案，告知从业人员和相关人员在紧急情况下应当采取的应急措施。

生产经营单位应当按照国家有关规定将本单位重大危险源及有关安全措施、应急措施报有关地方人民政府安全生产监督管理部门和有关部门备案。

未雨绸缪筑防线

成都市市级机关集中办公区开展防汛演练

第三十八条 生产经营单位应当建立健全生产安全事故隐患排查治理制度，采取技术、管理措施，及时发现并消除事故隐患。事故隐患排查治理情况应当如实记录，并向从业人员通报。

县级以上地方各级人民政府负有安全生产监督管理职责的部门应当建立健全重大事故隐患治理督办制度，督促生产经营单位消除重大事故隐患。

……

第四十条 生产经营单位进行爆破、吊装以及国务院安全生产监督管理部门会同国务院有关部门规定的其他危险作业，应当安排专门人员进行现场安全管理，确保操作规程的遵守和安全措施的落实。

第四十一条 生产经营单位应当教育和督促从业人员严格执行本单位的安全生产规章制度和安全操作规程；并向从业人员如实告知作业场所和工作岗位存在的危险因素、防范措施以及事故应急措施。

第四十二条 生产经营单位必须为从业人员提供符合国家标准或者行业标准的劳动防护用品，并监督、教育从业人员按照使用规则佩戴、使用。

第四十三条 生产经营单位的安全生产管理人员应当根据本单位的生产经营特点，对安全生产状况进行经常性检查；对检查中发现的安全问题，应当立即处理；不能处理的，应当及时报告本单位有关负责人，有关负责人应当及时处理。检查及处理情况应当如实记录在案。

未雨绸缪筑防线

成都市市级机关集中办公区开展防汛演练

生产经营单位的安全生产管理人员在检查中发现重大事故隐患，依照前款规定向本单位有关负责人报告，有关负责人不及时处理的，安全生产管理人员可以向主管的负有安全生产监督管理职责的部门报告，接到报告的部门应当依法及时处理。

第四十四条 生产经营单位应当安排用于配备劳动防护用品、进行安全生产培训的经费。

……

第四十六条 生产经营单位不得将生产经营项目、场所、设备发包或者出租给不具备安全生产条件或者相应资质的单位或者个人。

生产经营项目、场所发包或者出租给其他单位的，生产经营单位应当与承包单位、承租单位签订专门的安全生产管理协议，或者在承包合同、租赁合同中约定各自的安全生产管理职责；生产经营单位对承包单位、承租单位的安全生产工作统一协调、管理，定期进行安全检查，发现安全问题的，应当及时督促整改。

第四十七条 生产经营单位发生生产安全事故时，单位的主要负责人应当立即组织抢救，并不得在事故调查处理期间擅离职守。

第四十八条 生产经营单位必须依法参加工伤保险，为从业人员缴纳保险费。

国家鼓励生产经营单位投保安全生产责任保险。

未雨绸缪筑防线

成都市市级机关集中办公区开展防汛演练

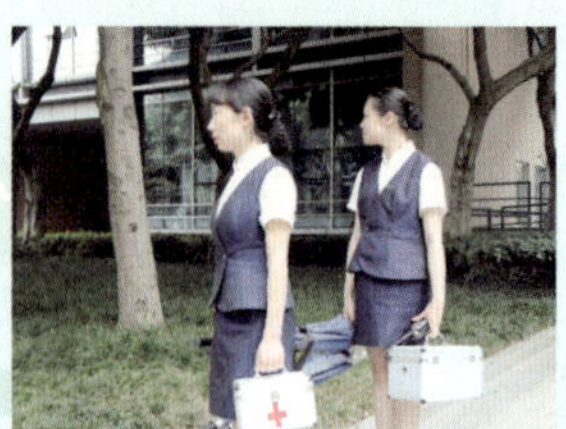

第四章 安全生产的监督管理

第五十九条 县级以上地方各级人民政府应当根据本行政区域内的安全生产状况，组织有关部门按照职责分工，对本行政区域内容易发生重大生产安全事故的生产经营单位进行严格检查。

安全生产监督管理部门应当按照分类分级监督管理的要求，制定安全生产年度监督检查计划，并按照年度监督检查计划进行监督检查，发现事故隐患，应当及时处理。

第六十条 负有安全生产监督管理职责的部门依照有关法律、法规的规定，对涉及安全生产的事项需要审查批准（包括批准、核准、许可、注册、认证、颁发证照等，下同）或者验收的，必须严格依照有关法律、法规和国家标准或者行业标准规定的安全生产条件和程序进行审查；不符合有关法律、法规和国家标准或者行业标准规定的安全生产条件的，不得批准或者验收通过。对未依法取得批准或者验收合格的单位擅自从事有关活动的，负责行政审批的部门发现或者接到举报后应当立即予以取缔，并依法予以处理。对已经依法取得批准的单位，负责行政审批的部门发现其不再具备安全生产条件的，应当撤销原批准。

第六十一条 负有安全生产监督管理职责的部门对涉及安全生产的事项进行审查、验收，不得收取费用；不得要求接受审查、验收的单位购买其指定品牌或者指定生产、销售单位的安全设备、器材或者其他产品。

安全生产月
WORK SAFETY MONTH
消除事故隐患
筑牢安全防线

第六十二条 安全生产监督管理部门和其他负有安全生产监督管理职责的部门依法开展安全生产行政执法工作，对生产经营单位执行有关安全生产的法律、法规和国家标准或者行业标准的情况进行监督检查，行使以下职权：

（一）进入生产经营单位进行检查，调阅有关资料，向有关单位和人员了解情况；

（二）对检查中发现的安全生产违法行为，当场予以纠正或者要求限期改正；对依法应当给予行政处罚的行为，依照本法和其他有关法律、行政法规的规定作出行政处罚决定；

（三）对检查中发现的事故隐患，应当责令立即排除；重大事故隐患排除前或者排除过程中无法保证安全的，应当责令从危险区域内撤出作业人员，责令暂时停产停业或者停止使用相关设施、设备；重大事故隐患排除后，经审查同意，方可恢复生产经营和使用；

（四）对有根据认为不符合保障安全生产的国家标准或者行业标准的设施、设备、器材以及违法生产、储存、使用、经营、运输的危险物品予以查封或者扣押，对违法生产、储存、使用、经营危险物品的作业场所予以查封，并依法作出处理决定。

监督检查不得影响被检查单位的正常生产经营活动。

第六十三条 生产经营单位对负有安全生产监督管理职责的部门的监督检查人员（以下统称安全生产监督检查人员）依法履行监督检查职责，应当予以配合，不得拒绝、阻挠。

居安思危勤操练
有备无患保安全

成都市市级机关集中办公区开展电梯困人救援应急演练

第六十四条 安全生产监督检查人员应当忠于职守，坚持原则，秉公执法。

安全生产监督检查人员执行监督检查任务时，必须出示有效的监督执法证件；对涉及被检查单位的技术秘密和业务秘密，应当为其保密。

第六十五条 安全生产监督检查人员应当将检查的时间、地点、内容、发现的问题及其处理情况，作出书面记录，并由检查人员和被检查单位的负责人签字；被检查单位的负责人拒绝签字的，检查人员应当将情况记录在案，并向负有安全生产监督管理职责的部门报告。

第六十六条 负有安全生产监督管理职责的部门在监督检查中，应当互相配合，实行联合检查；确需分别进行检查的，应当互通情况，发现存在的安全问题应当由其他有关部门进行处理的，应当及时移送其他有关部门并形成记录备查，接受移送的部门应当及时进行处理。

第六十七条 负有安全生产监督管理职责的部门依法对存在重大事故隐患的生产经营单位作出停产停业、停止施工、停止使用相关设施或者设备的决定，生产经营单位应当依法执行，及时消除事故隐患。生产经营单位拒不执行，有发生生产安全事故的现实危险的，在保证安全的前提下，经本部门主要负责人批准，负有安全生产监督管理职责的部门可以采取通知有关单位停止供电、停止供应民用爆炸物品等措施，强制生产经营单位履行决定。通知应当采用书面形式，有关单位应当予以配合。

居安思危勤操练
有备无患保安全

成都市市级机关集中办公区开展电梯困人救援应急演练

负有安全生产监督管理职责的部门依照前款规定采取停止供电措施，除有危及生产安全的紧急情形外，应当提前二十四小时通知生产经营单位。生产经营单位依法履行行政决定、采取相应措施消除事故隐患的，负有安全生产监督管理职责的部门应当及时解除前款规定的措施。

第六十八条 监察机关依照行政监察法的规定，对负有安全生产监督管理职责的部门及其工作人员履行安全生产监督管理职责实施监察。

第六十九条 承担安全评价、认证、检测、检验的机构应当具备国家规定的资质条件，并对其作出的安全评价、认证、检测、检验的结果负责。

第七十条 负有安全生产监督管理职责的部门应当建立举报制度，公开举报电话、信箱或者电子邮件地址，受理有关安全生产的举报；受理的举报事项经调查核实后，应当形成书面材料；需要落实整改措施的，报经有关负责人签字并督促落实。

第七十一条 任何单位或者个人对事故隐患或者安全生产违法行为，均有权向负有安全生产监督管理职责的部门报告或者举报。

……

第七十四条 新闻、出版、广播、电影、电视等单位有进行安全生产公益宣传教育的义务，有对违反安全生产法律、法规的行为进行舆论监督的权利。

提高意识强能力
防范事故保安全

成都市市级机关集中办公区开展触电救援应急演练

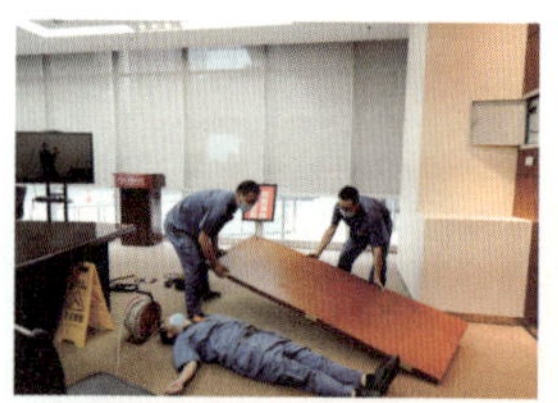

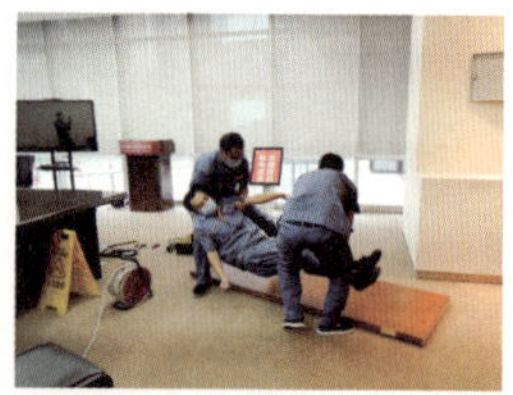

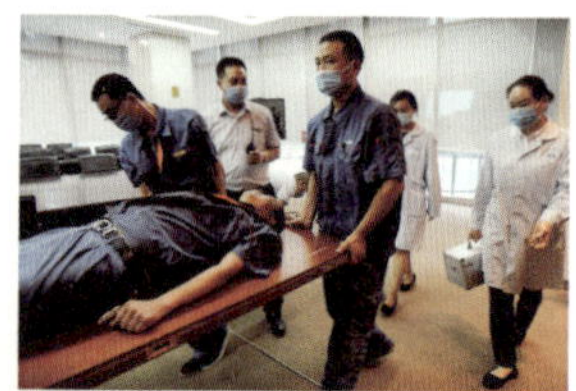

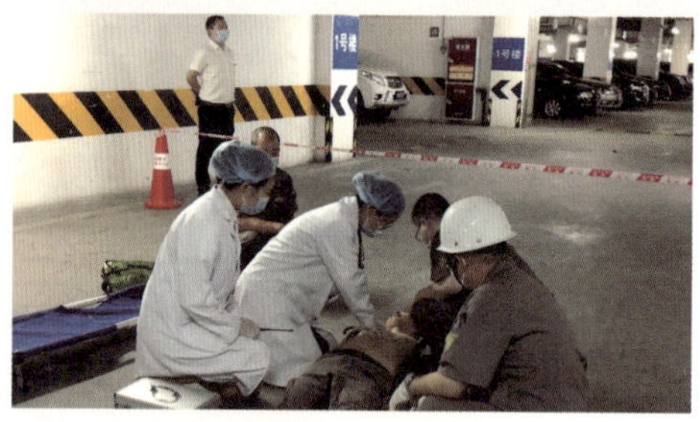

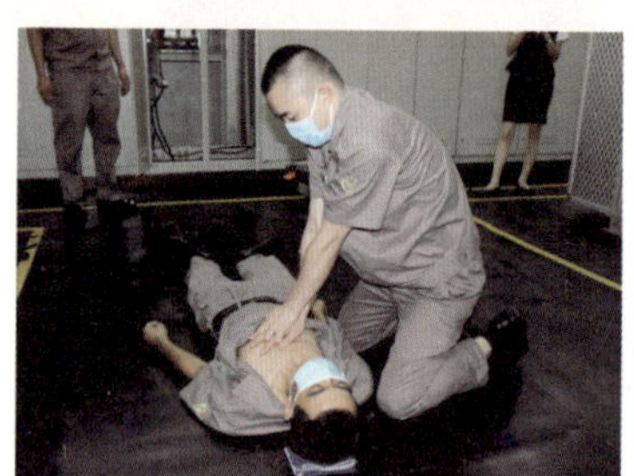

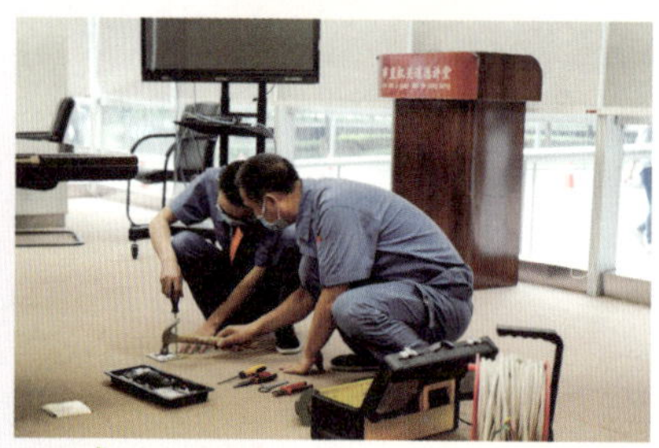

第七十五条 负有安全生产监督管理职责的部门应当建立安全生产违法行为信息库，如实记录生产经营单位的安全生产违法行为信息；对违法行为情节严重的生产经营单位，应当向社会公告，并通报行业主管部门、投资主管部门、国土资源主管部门、证券监督管理机构以及有关金融机构。

第七十六条 国家加强生产安全事故应急能力建设，在重点行业、领域建立应急救援基地和应急救援队伍，鼓励生产经营单位和其他社会力量建立应急救援队伍，配备相应的应急救援装备和物资，提高应急救援的专业化水平。

国务院安全生产监督管理部门建立全国统一的生产安全事故应急救援信息系统，国务院有关部门建立健全相关行业、领域的生产安全事故应急救援信息系统。

第七十七条 县级以上地方各级人民政府应当组织有关部门制定本行政区域内生产安全事故应急救援预案，建立应急救援体系。

第七十八条 生产经营单位应当制定本单位生产安全事故应急救援预案，与所在地县级以上地方人民政府组织制定的生产安全事故应急救援预案相衔接，并定期组织演练。

第七十九条 危险物品的生产、经营、储存单位以及矿山、金属冶炼、城市轨道交通运营、建筑施工单位应当建立应急救援组织；生产经营规模较小的，可以不建立应急救援组织，但应当指定兼职的应急救援人员。

提高意识强能力
防范事故保安全

成都市市级机关集中办公区开展触电救援应急演练

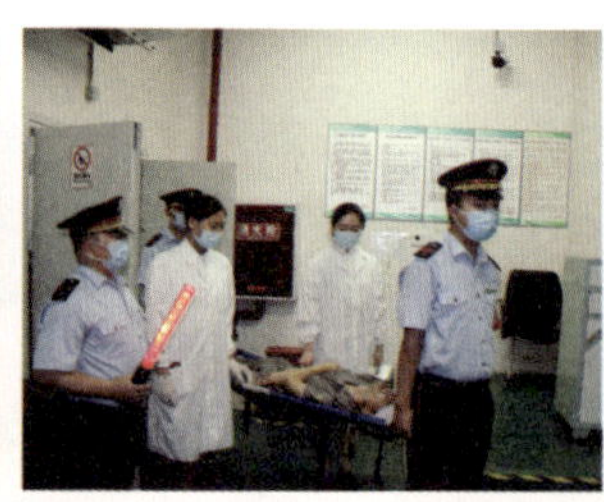

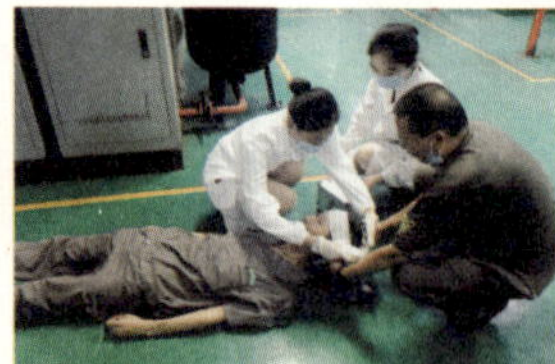

第五章 生产安全事故的应急救援与调查处理

危险物品的生产、经营、储存、运输单位以及矿山、金属冶炼、城市轨道交通运营、建筑施工单位应当配备必要的应急救援器材、设备和物资，并进行经常性维护、保养，保证正常运转。

第八十条 生产经营单位发生生产安全事故后，事故现场有关人员应当立即报告本单位负责人。

单位负责人接到事故报告后，应当迅速采取有效措施，组织抢救，防止事故扩大，减少人员伤亡和财产损失，并按照国家有关规定立即如实报告当地负有安全生产监督管理职责的部门，不得隐瞒不报、谎报或者迟报，不得故意破坏事故现场、毁灭有关证据。

第八十一条 负有安全生产监督管理职责的部门接到事故报告后，应当立即按照国家有关规定上报事故情况。负有安全生产监督管理职责的部门和有关地方人民政府对事故情况不得隐瞒不报、谎报或者迟报。

第八十二条 有关地方人民政府和负有安全生产监督管理职责的部门的负责人接到生产安全事故报告后，应当按照生产安全事故应急救援预案的要求立即赶到事故现场，组织事故抢救。

参与事故抢救的部门和单位应当服从统一指挥，加强协同联动，采取有效的应急救援措施，并根据事故救援的需要采取警戒、疏散等措施，防止事故扩大和次生灾害的发生，减少人员伤亡和财产损失。

提高意识强能力
防范事故保安全

成都市市级机关集中办公区开展触电救援应急演练

事故抢救过程中应当采取必要措施，避免或者减少对环境造成的危害。

任何单位和个人都应当支持、配合事故抢救，并提供一切便利条件。

第八十三条 事故调查处理应当按照科学严谨、依法依规、实事求是、注重实效的原则，及时、准确地查清事故原因，查明事故性质和责任，总结事故教训，提出整改措施，并对事故责任者提出处理意见。事故调查报告应当依法及时向社会公布。事故调查和处理的具体办法由国务院制定。

事故发生单位应当及时全面落实整改措施，负有安全生产监督管理职责的部门应当加强监督检查。

第八十四条 生产经营单位发生生产安全事故，经调查确定为责任事故的，除了应当查明事故单位的责任并依法予以追究外，还应当查明对安全生产的有关事项负有审查批准和监督职责的行政部门的责任，对有失职、渎职行为的，依照本法第八十七条的规定追究法律责任。

第八十五条 任何单位和个人不得阻挠和干涉对事故的依法调查处理。

第八十六条 县级以上地方各级人民政府安全生产监督管理部门应当定期统计分析本行政区域内发生生产安全事故的情况，并定期向社会公布。

提高应急救援能力
构筑生命安全防线

成都市市级机关集中办公区开展有限空间作业突发事故应急演练

应急指挥部联动指挥

演练动员

作业人员下井作业并遇险

有限空间施救

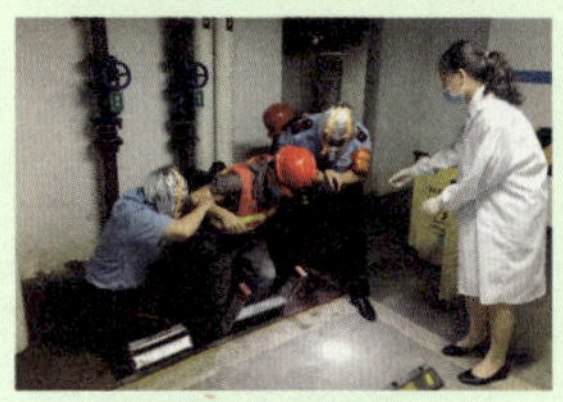

遇险人员脱险

现场急救

转运救治

第六章 法律责任

第八十七条 负有安全生产监督管理职责的部门的工作人员，有下列行为之一的，给予降级或者撤职的处分；构成犯罪的，依照刑法有关规定追究刑事责任：

（一）对不符合法定安全生产条件的涉及安全生产的事项予以批准或者验收通过的；

（二）发现未依法取得批准、验收的单位擅自从事有关活动或者接到举报后不予取缔或者不依法予以处理的；

（三）对已经依法取得批准的单位不履行监督管理职责，发现其不再具备安全生产条件而不撤销原批准或者发现安全生产违法行为不予查处的；

（四）在监督检查中发现重大事故隐患，不依法及时处理的。

负有安全生产监督管理职责的部门的工作人员有前款规定以外的滥用职权、玩忽职守、徇私舞弊行为的，依法给予处分；构成犯罪的，依照刑法有关规定追究刑事责任。

第八十八条 负有安全生产监督管理职责的部门，要求被审查、验收的单位购买其指定的安全设备、器材或者其他产品的，在对安全生产事项的审查、验收中收取费用的，由其上级机关或者监察机关责令改正，责令退还收取的费用；情节严重的，对直接负责的主管人员和其他直接责任人员依法给予处分。

……

隐患排查篇

消除事故隐患　筑牢安全防线

平安是最基本的公共产品，“安全第一”是最广泛的社会共识。习近平总书记强调：“人命关天，发展决不能以牺牲人的生命为代价。这必须作为一条不可逾越的红线。”安全生产关乎人民福祉、事关经济社会发展大局，只有时刻绷紧安全这根弦，不断强化责任落实、筑牢制度堤坝、织密防护网络，才能防患于未然、守护好生命安全。

海恩法则指出，每起严重事故背后，必然有29起轻微事故、300起未遂征兆和1000个隐患。事实也证明，很多事故发生之前，许多隐患已经出现。如果安全隐患的苗头已经出现，相关部门和责任人仍置若罔闻、漠然视之，仍然以“会”代“查”、以“罚”代“法”，苗头就会演变成事故，小患就会升级为大灾。

消除事故隐患，筑牢安全防线，要深入学习贯彻新思想新论断。认识是行动的先导，安全是发展的前提，安全管理水平是衡量基层治理水平的最重要标准之一。习总书记关于安全生产的重要论述，立意高远、内涵丰富，要认真学习准确领会，切实树牢安全发展理念，始终把人民群众生命安全放在第一位，增强从根本上消除事故隐患的思想自觉和行动自觉。

消除事故隐患，筑牢安全防线，要坚持预防为主防范为先。坚持预防为主，是对安全生产规律的认识，也是最经济最有效的策略。更有效地进行安全隐患排查，要盯紧安全链条的薄弱环节进行整改，更精准地识别隐患苗头，抓早抓小，进一步提升发现问题解决问题的能力。事故的苗头隐患，往往发现在基层，解决在基层。要宣传发动基层一线职工积极排查发现身边的风险隐患、违规行为，将事故苗头扼杀在萌芽状态。成都市机关事务管理局每季度开展专项安全隐患排查，每月组织联合应急演练，每天落实“局长包片、处室抓点”晨查夜巡，对地面安全保卫、地下设施设备仔细巡查，实现机关集中办公区各类设施设备安全运行。

消除事故隐患，筑牢安全防线，要广泛动员，广泛发动，共建共治共享。成都创新探索将运动会与机关安全相融合，想方设法激发广大机关干部参与平安机关建设的积极性、主动性、创造性，达到“以赛促学、以学促用”的目的，携手共筑“群策群力、群防群治、安全机关、共建共享”的安全管理大格局。成都市市级机关安全运动会，从2017年到2020年已连续成功举办四届。每年的安全运动会将安全宣传、安全技能培训以运动会形式呈现，变静态宣传为动态体验，注重理论知识与实践操作相融合，探索形成一套适用于机关干部职工的安全运动竞赛体系，打造具有成都特色的机关安全文化，助力建设平安成都。

无论政府部门、企事业单位或是个人，都应该树牢底线意识、忧患意识，永远绷紧安全这根弦，提高警惕、见微知著、未雨绸缪，坚持关口前移、较真碰硬、防患未然，坚持广泛参与、实时跟进、全程问效，切实将安全隐患消灭于未萌，确保机关安全有序稳定。

安全观念
Cafe des Marguerites
或许遗忘一秒
你将失去一生

中华人民共和国安全生产法（2014修正）（节选）

第八十九条 承担安全评价、认证、检测、检验工作的机构，出具虚假证明的，没收违法所得；违法所得在十万元以上的，并处违法所得二倍以上五倍以下的罚款；没有违法所得或者违法所得不足十万元的，单处或者并处十万元以上二十万元以下的罚款；对其直接负责的主管人员和其他直接责任人员处二万元以上五万元以下的罚款；给他人造成损害的，与生产经营单位承担连带赔偿责任；构成犯罪的，依照刑法有关规定追究刑事责任。

对有前款违法行为的机构，吊销其相应资质。

第九十条 生产经营单位的决策机构、主要负责人或者个人经营的投资人不依照本法规定保证安全生产所必需的资金投入，致使生产经营单位不具备安全生产条件的，责令限期改正，提供必需的资金；逾期未改正的，责令生产经营单位停产停业整顿。

有前款违法行为，导致发生生产安全事故的，对生产经营单位的主要负责人给予撤职处分，对个人经营的投资人处二万元以上二十万元以下的罚款；构成犯罪的，依照刑法有关规定追究刑事责任。

第九十一条 生产经营单位的主要负责人未履行本法规定的安全生产管理职责的，责令限期改正；逾期未改正的，处二万元以上五万元以下的罚款，责令生产经营单位停产停业整顿。

安全从点滴做起
事故从细微防范
安全
生产
违章

生产经营单位的主要负责人有前款违法行为，导致发生生产安全事故的，给予撤职处分；构成犯罪的，依照刑法有关规定追究刑事责任。

生产经营单位的主要负责人依照前款规定受刑事处罚或者撤职处分的，自刑罚执行完毕或者受处分之日起，五年内不得担任任何生产经营单位的主要负责人；对重大、特别重大生产安全事故负有责任的，终身不得担任本行业生产经营单位的主要负责人。

第九十二条　生产经营单位的主要负责人未履行本法规定的安全生产管理职责，导致发生生产安全事故的，由安全生产监督管理部门依照下列规定处以罚款：

（一）发生一般事故的，处上一年年收入百分之三十的罚款；

（二）发生较大事故的，处上一年年收入百分之四十的罚款；

（三）发生重大事故的，处上一年年收入百分之六十的罚款；

（四）发生特别重大事故的，处上一年年收入百分之八十的罚款。

第九十三条　生产经营单位的安全生产管理人员未履行本法规定的安全生产管理职责的，责令限期改正；导致发生生产安全事故的，暂停或者撤销其与安全生产有关的资格；构成犯罪的，依照刑法有关规定追究刑事责任。

第九十四条　生产经营单位有下列行为之一的，责令限期改正，可以处五万元以下的罚款；逾期未改正的，责令停产停业整顿，并处五万元以上十万元以下的罚款，对其直接负责的主管人员和其他直接责任人员处一万元以上二万元以下的罚款：

多看一眼，安全保险；
多防一步，少出事故！

（一）未按照规定设置安全生产管理机构或者配备安全生产管理人员的；

（二）危险物品的生产、经营、储存单位以及矿山、金属冶炼、建筑施工、道路运输单位的主要负责人和安全生产管理人员未按照规定经考核合格的；

（三）未按照规定对从业人员、被派遣劳动者、实习学生进行安全生产教育和培训，或者未按照规定如实告知有关的安全生产事项的；

（四）未如实记录安全生产教育和培训情况的；

（五）未将事故隐患排查治理情况如实记录或者未向从业人员通报的；

（六）未按照规定制定生产安全事故应急救援预案或者未定期组织演练的；

（七）特种作业人员未按照规定经专门的安全作业培训并取得相应资格，上岗作业的。

……

第九十六条 生产经营单位有下列行为之一的，责令限期改正，可以处五万元以下的罚款；逾期未改正的，处五万元以上二十万元以下的罚款，对其直接负责的主管人员和其他直接责任人员处一万元以上二万元以下的罚款；情节严重的，责令停产停业整顿；构成犯罪的，依照刑法有关规定追究刑事责任：

（一）未在有较大危险因素的生产经营场所和有关设施、设备上设置明显的安全警示标志的；

（二）安全设备的安装、使用、检测、改造和报废不符合国家标准或者行业标准的；

（三）未对安全设备进行经常性维护、保养和定期检测的；

安全第一，
警钟常鸣。

（四）未为从业人员提供符合国家标准或者行业标准的劳动防护用品的；

（五）危险物品的容器、运输工具，以及涉及人身安全、危险性较大的海洋石油开采特种设备和矿山井下特种设备未经具有专业资质的机构检测、检验合格，取得安全使用证或者安全标志，投入使用的；

（六）使用应当淘汰的危及生产安全的工艺、设备的。

第九十七条 未经依法批准，擅自生产、经营、运输、储存、使用危险物品或者处置废弃危险物品的，依照有关危险物品安全管理的法律、行政法规的规定予以处罚；构成犯罪的，依照刑法有关规定追究刑事责任。

第九十八条 生产经营单位有下列行为之一的，责令限期改正，可以处十万元以下的罚款；逾期未改正的，责令停产停业整顿，并处十万元以上二十万元以下的罚款，对其直接负责的主管人员和其他直接责任人员处二万元以上五万元以下的罚款；构成犯罪的，依照刑法有关规定追究刑事责任：

（一）生产、经营、运输、储存、使用危险物品或者处置废弃危险物品，未建立专门安全管理制度、未采取可靠的安全措施的；

（二）对重大危险源未登记建档，或者未进行评估、监控，或者未制定应急预案的；

（三）进行爆破、吊装以及国务院安全生产监督管理部门会同国务院有关部门规定的其他危险作业，未安排专门人员进行现场安全管理的；

（四）未建立事故隐患排查治理制度的。

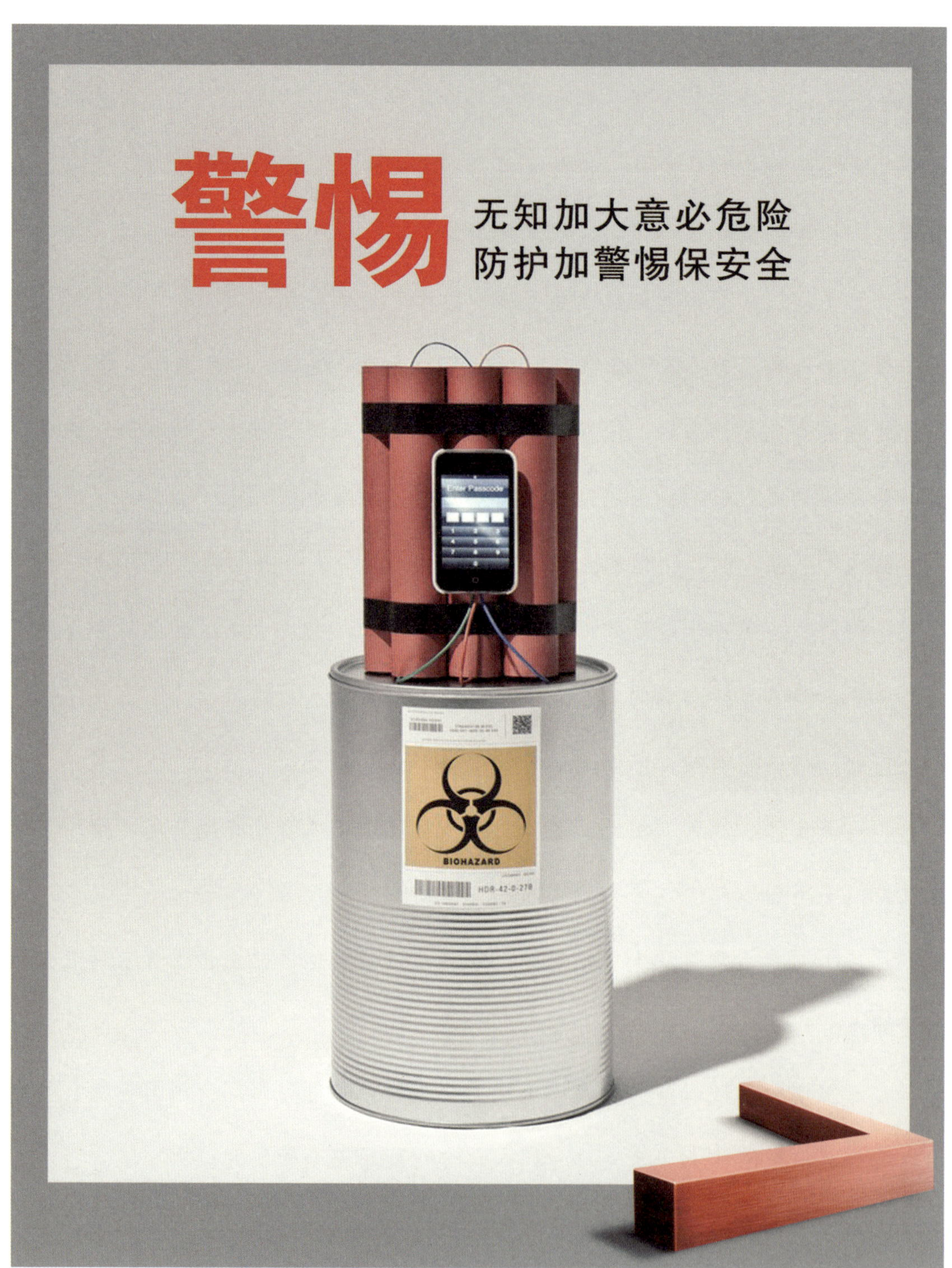
警惕
无知加大意必危险
防护加警惕保安全
Enter Passcode
BIOHAZARD
HDR-42-0-278

第九十九条 生产经营单位未采取措施消除事故隐患的，责令立即消除或者限期消除；生产经营单位拒不执行的，责令停产停业整顿，并处十万元以上五十万元以下的罚款，对其直接负责的主管人员和其他直接责任人员处二万元以上五万元以下的罚款。

第一百条 生产经营单位将生产经营项目、场所、设备发包或者出租给不具备安全生产条件或者相应资质的单位或者个人的，责令限期改正，没收违法所得；违法所得十万元以上的，并处违法所得二倍以上五倍以下的罚款；没有违法所得或者违法所得不足十万元的，单处或者并处十万元以上二十万元以下的罚款；对其直接负责的主管人员和其他直接责任人员处一万元以上二万元以下的罚款；导致发生生产安全事故给他人造成损害的，与承包方、承租方承担连带赔偿责任。

生产经营单位未与承包单位、承租单位签订专门的安全生产管理协议或者未在承包合同、租赁合同中明确各自的安全生产管理职责，或者未对承包单位、承租单位的安全生产统一协调、管理的，责令限期改正，可以处五万元以下的罚款，对其直接负责的主管人员和其他直接责任人员可以处一万元以下的罚款；逾期未改正的，责令停产停业整顿。

钥匙在手
安全无忧
安全意识

第一百零一条 两个以上生产经营单位在同一作业区域内进行可能危及对方安全生产的生产经营活动，未签订安全生产管理协议或者未指定专职安全生产管理人员进行安全检查与协调的，责令限期改正，可以处五万元以下的罚款，对其直接负责的主管人员和其他直接责任人员可以处一万元以下的罚款；逾期未改正的，责令停产停业。

第一百零二条 生产经营单位有下列行为之一的，责令限期改正，可以处五万元以下的罚款，对其直接负责的主管人员和其他直接责任人员可以处一万元以下的罚款；逾期未改正的，责令停产停业整顿；构成犯罪的，依照刑法有关规定追究刑事责任：

（一）生产、经营、储存、使用危险物品的车间、商店、仓库与员工宿舍在同一座建筑内，或者与员工宿舍的距离不符合安全要求的；

（二）生产经营场所和员工宿舍未设有符合紧急疏散需要、标志明显、保持畅通的出口，或者锁闭、封堵生产经营场所或者员工宿舍出口的。

第一百零三条 生产经营单位与从业人员订立协议，免除或者减轻其对从业人员因生产安全事故伤亡依法应承担的责任的，该协议无效；对生产经营单位的主要负责人、个人经营的投资人处二万元以上十万元以下的罚款。

第一百零四条 生产经营单位的从业人员不服从管理，违反安全生产规章制度或者操作规程的，由生产经营单位给予批评教育，依照有关规章制度给予处分；构成犯罪的，依照刑法有关规定追究刑事责任。

即使到了这个时间，我们也不能懈怠！

安全来自长期警惕
事故源于瞬间麻痹

第一百零五条 违反本法规定，生产经营单位拒绝、阻碍负有安全生产监督管理职责的部门依法实施监督检查的，责令改正；拒不改正的，处二万元以上二十万元以下的罚款；对其直接负责的主管人员和其他直接责任人员处一万元以上二万元以下的罚款；构成犯罪的，依照刑法有关规定追究刑事责任。

第一百零六条 生产经营单位的主要负责人在本单位发生生产安全事故时，不立即组织抢救或者在事故调查处理期间擅离职守或者逃匿的，给予降级、撤职的处分，并由安全生产监督管理部门处上一年年收入百分之六十至百分之一百的罚款；对逃匿的处十五日以下拘留；构成犯罪的，依照刑法有关规定追究刑事责任。

生产经营单位的主要负责人对生产安全事故隐瞒不报、谎报或者迟报的，依照前款规定处罚。

第一百零七条 有关地方人民政府、负有安全生产监督管理职责的部门，对生产安全事故隐瞒不报、谎报或者迟报的，对直接负责的主管人员和其他直接责任人员依法给予处分；构成犯罪的，依照刑法有关规定追究刑事责任。

第一百零八条 生产经营单位不具备本法和其他有关法律、行政法规和国家标准或者行业标准规定的安全生产条件，经停产停业整顿仍不具备安全生产条件的，予以关闭；有关部门应当依法吊销其有关证照。

你应知道
安全事故
没有后悔药
但有预防针
安全第一，预防为主。
亡羊补牢不如未雨绸缪。
对安全的重视不应次次都要靠血的代价。
每一个对自己生命负责的人更应知道，
事前预防优于事中控制，
更优于事后补救。

第一百零九条 发生生产安全事故，对负有责任的生产经营单位除要求其依法承担相应的赔偿等责任外，由安全生产监督管理部门依照下列规定处以罚款：

（一）发生一般事故的，处二十万元以上五十万元以下的罚款；

（二）发生较大事故的，处五十万元以上一百万元以下的罚款；

（三）发生重大事故的，处一百万元以上五百万元以下的罚款；

（四）发生特别重大事故的，处五百万元以上一千万元以下的罚款；情节特别严重的，处一千万元以上二千万元以下的罚款。

第一百一十条 本法规定的行政处罚，由安全生产监督管理部门和其他负有安全生产监督管理职责的部门按照职责分工决定。予以关闭的行政处罚由负有安全生产监督管理职责的部门报请县级以上人民政府按照国务院规定的权限决定；给予拘留的行政处罚由公安机关依照治安管理处罚法的规定决定。

第一百一十一条 生产经营单位发生生产安全事故造成人员伤亡、他人财产损失的，应当依法承担赔偿责任；拒不承担或者其负责人逃匿的，由人民法院依法强制执行。

生产安全事故的责任人未依法承担赔偿责任，经人民法院依法采取执行措施后，仍不能对受害人给予足额赔偿的，应当继续履行赔偿义务；受害人发现责任人有其他财产的，可以随时请求人民法院执行。

每个看似偶然的事故背后必然存在相关的安全隐患

一起事故的发生，

看似一系列巧合，

实则不然。

如果一个单位不重视安全隐患排查整治，

必将导致事故发生。

如果一个人经常置安全规定于不顾，

那事故必将接踵而来。

中华人民共和国特种设备安全法（2013）（节选）

第二章 生产、经营、使用

第一节 一般规定

第十三条 特种设备生产、经营、使用单位及其主要负责人对其生产、经营、使用的特种设备安全负责。

特种设备生产、经营、使用单位应当按照国家有关规定配备特种设备安全管理人员、检测人员和作业人员，并对其进行必要的安全教育和技能培训。

第十四条 特种设备安全管理人员、检测人员和作业人员应当按照国家有关规定取得相应资格，方可从事相关工作。特种设备安全管理人员、检测人员和作业人员应当严格执行安全技术规范和管理制度，保证特种设备安全。

第十五条 特种设备生产、经营、使用单位对其生产、经营、使用的特种设备应当进行自行检测和维护保养，对国家规定实行检验的特种设备应当及时申报并接受检验。

第十六条 特种设备采用新材料、新技术、新工艺，与安全技术规范的要求不一致，或者安全技术规范未作要求、可能对安全性能有重大影响的，应当向国务院负责特种设备安全监督管理的部门申报，由国务院负责特种设备安全监督管理的部门及时委托安全技术咨询机构或者相关专业机构进行技术评审，评审结果经国务院负责特种设备安全监督管理的部门批准，方可投入生产、使用。

国务院负责特种设备安全监督管理的部门应当将允许使用的新材料、新技术、新工艺的有关技术要求，及时纳入安全技术规范。

第十七条 国家鼓励投保特种设备安全责任保险。

你对安全
多一份关注
安全就会对你
多十份关照
种瓜得瓜，种豆得豆，
每一份付出都会有回报。
而每一个人或一个单位对安全的重视，
无疑就是对自己和单位平安的投入。
树立安全意识，
认真学习安全知识，
养成安全行为习惯，
必将远离安全事故。
安全
稳定
平安
安全意识
安全知识
行为习惯

第二节　生产

第十八条　国家按照分类监督管理的原则对特种设备生产实行许可制度。特种设备生产单位应当具备下列条件，并经负责特种设备安全监督管理的部门许可，方可从事生产活动：

（一）有与生产相适应的专业技术人员；

（二）有与生产相适应的设备、设施和工作场所；

（三）有健全的质量保证、安全管理和岗位责任等制度。

第十九条　特种设备生产单位应当保证特种设备生产符合安全技术规范及相关标准的要求，对其生产的特种设备的安全性能负责。不得生产不符合安全性能要求和能效指标以及国家明令淘汰的特种设备。

第二十条　锅炉、气瓶、氧舱、客运索道、大型游乐设施的设计文件，应当经负责特种设备安全监督管理的部门核准的检验机构鉴定，方可用于制造。

特种设备产品、部件或者试制的特种设备新产品、新部件以及特种设备采用的新材料，按照安全技术规范的要求需要通过型式试验进行安全性验证的，应当经负责特种设备安全监督管理的部门核准的检验机构进行型式试验。

第二十一条　特种设备出厂时，应当随附安全技术规范要求的设计文件、产品质量合格证明、安装及使用维护保养说明、监督检验证明等相关技术资料和文件，并在特种设备显著位置设置产品铭牌、安全警示标志及其说明。

宁可事前检查
不愿事后受罚

第二十二条 电梯的安装、改造、修理，必须由电梯制造单位或者其委托的依照本法取得相应许可的单位进行。电梯制造单位委托其他单位进行电梯安装、改造、修理的，应当对其安装、改造、修理进行安全指导和监控，并按照安全技术规范的要求进行校验和调试。电梯制造单位对电梯安全性能负责。

第二十三条 特种设备安装、改造、修理的施工单位应当在施工前将拟进行的特种设备安装、改造、修理情况书面告知直辖市或者设区的市级人民政府负责特种设备安全监督管理的部门。

第二十四条 特种设备安装、改造、修理竣工后，安装、改造、修理的施工单位应当在验收后三十日内将相关技术资料和文件移交特种设备使用单位。特种设备使用单位应当将其存入该特种设备的安全技术档案。

第二十五条 锅炉、压力容器、压力管道元件等特种设备的制造过程和锅炉、压力容器、压力管道、电梯、起重机械、客运索道、大型游乐设施的安装、改造、重大修理过程，应当经特种设备检验机构按照安全技术规范的要求进行监督检验；未经监督检验或者监督检验不合格的，不得出厂或者交付使用。

第二十六条 国家建立缺陷特种设备召回制度。因生产原因造成特种设备存在危及安全的同一性缺陷的，特种设备生产单位应当立即停止生产，主动召回。

国务院负责特种设备安全监督管理的部门发现特种设备存在应当召回而未召回的情形时，应当责令特种设备生产单位召回。

安全
隐患

第三节　经营

第二十七条　特种设备销售单位销售的特种设备，应当符合安全技术规范及相关标准的要求，其设计文件、产品质量合格证明、安装及使用维护保养说明、监督检验证明等相关技术资料和文件应当齐全。

特种设备销售单位应当建立特种设备检查验收和销售记录制度。

禁止销售未取得许可生产的特种设备，未经检验和检验不合格的特种设备，或者国家明令淘汰和已经报废的特种设备。

第二十八条　特种设备出租单位不得出租未取得许可生产的特种设备或者国家明令淘汰和已经报废的特种设备，以及未按照安全技术规范的要求进行维护保养和未经检验或者检验不合格的特种设备。

第二十九条　特种设备在出租期间的使用管理和维护保养义务由特种设备出租单位承担，法律另有规定或者当事人另有约定的除外。

第三十条　进口的特种设备应当符合我国安全技术规范的要求，并经检验合格；需要取得我国特种设备生产许可的，应当取得许可。

进口特种设备随附的技术资料和文件应当符合本法第二十一条的规定，其安装及使用维护保养说明、产品铭牌、安全警示标志及其说明应当采用中文。

特种设备的进出口检验，应当遵守有关进出口商品检验的法律、行政法规。

第三十一条　进口特种设备，应当向进口地负责特种设备安全监督管理的部门履行提前告知义务。

安全【事故出于麻痹，安全来自警惕。】

安全是幸福的源泉，是效益的保证。
增加防范意识，安全意识不松懈。

安全是生产的细胞
隐患是事故的胚胎

安全断线 事故连线

办公室住人存在安全隐患

1.火灾隐患，易燃物品较多。
2.用电隐患，电气设施、线路较多。
3.物品安全隐患，部分物品存在人身伤害隐患。
4.环境安全隐患，工作中经常到作业现场，存在安全隐患。
5.有害因素隐患，危险化学品、煤气、炭粉等在日常工作中可能遇到。

第四节　使用

第三十二条　特种设备使用单位应当使用取得许可生产并经检验合格的特种设备。

禁止使用国家明令淘汰和已经报废的特种设备。

第三十三条　特种设备使用单位应当在特种设备投入使用前或者投入使用后三十日内，向负责特种设备安全监督管理的部门办理使用登记，取得使用登记证书。登记标志应当置于该特种设备的显著位置。

第三十四条　特种设备使用单位应当建立岗位责任、隐患治理、应急救援等安全管理制度，制定操作规程，保证特种设备安全运行。

第三十五条　特种设备使用单位应当建立特种设备安全技术档案。安全技术档案应当包括以下内容：

（一）特种设备的设计文件、产品质量合格证明、安装及使用维护保养说明、监督检验证明等相关技术资料和文件；

（二）特种设备的定期检验和定期自行检查记录；

（三）特种设备的日常使用状况记录；

（四）特种设备及其附属仪器仪表的维护保养记录；

（五）特种设备的运行故障和事故记录。

消除一切隐患
在安全上一丝不苟
隐患
隐患
隐患
隐患

第三十六条 电梯、客运索道、大型游乐设施等为公众提供服务的特种设备的运营使用单位，应当对特种设备的使用安全负责，设置特种设备安全管理机构或者配备专职的特种设备安全管理人员；其他特种设备使用单位，应当根据情况设置特种设备安全管理机构或者配备专职、兼职的特种设备安全管理人员。

第三十七条 特种设备的使用应当具有规定的安全距离、安全防护措施。

与特种设备安全相关的建筑物、附属设施，应当符合有关法律、行政法规的规定。

第三十八条 特种设备属于共有的，共有人可以委托物业服务单位或者其他管理人管理特种设备，受托人履行本法规定的特种设备使用单位的义务，承担相应责任。共有人未委托的，由共有人或者实际管理人履行管理义务，承担相应责任。

第三十九条 特种设备使用单位应当对其使用的特种设备进行经常性维护保养和定期自行检查，并作出记录。

特种设备使用单位应当对其使用的特种设备的安全附件、安全保护装置进行定期校验、检修，并作出记录。

第四十条 特种设备使用单位应当按照安全技术规范的要求，在检验合格有效期届满前一个月向特种设备检验机构提出定期检验要求。

安全要检查，处处查隐患。
预防出事故，应急有预案。
查找隐患，杜绝事故

特种设备检验机构接到定期检验要求后，应当按照安全技术规范的要求及时进行安全性能检验。特种设备使用单位应当将定期检验标志置于该特种设备的显著位置。

未经定期检验或者检验不合格的特种设备，不得继续使用。

第四十一条 特种设备安全管理人员应当对特种设备使用状况进行经常性检查，发现问题应当立即处理；情况紧急时，可以决定停止使用特种设备并及时报告本单位有关负责人。

特种设备作业人员在作业过程中发现事故隐患或者其他不安全因素，应当立即向特种设备安全管理人员和单位有关负责人报告；特种设备运行不正常时，特种设备作业人员应当按照操作规程采取有效措施保证安全。

第四十二条 特种设备出现故障或者发生异常情况，特种设备使用单位应当对其进行全面检查，消除事故隐患，方可继续使用。

第四十三条 客运索道、大型游乐设施在每日投入使用前，其运营使用单位应当进行试运行和例行安全检查，并对安全附件和安全保护装置进行检查确认。

电梯、客运索道、大型游乐设施的运营使用单位应当将电梯、客运索道、大型游乐设施的安全使用说明、安全注意事项和警示标志置于易于为乘客注意的显著位置。

要像蜜蜂一样勤劳
机关安全才有保障

公众乘坐或者操作电梯、客运索道、大型游乐设施，应当遵守安全使用说明和安全注意事项的要求，服从有关工作人员的管理和指挥；遇有运行不正常时，应当按照安全指引，有序撤离。

第四十四条 锅炉使用单位应当按照安全技术规范的要求进行锅炉水（介）质处理，并接受特种设备检验机构的定期检验。

从事锅炉清洗，应当按照安全技术规范的要求进行，并接受特种设备检验机构的监督检验。

第四十五条 电梯的维护保养应当由电梯制造单位或者依照本法取得许可的安装、改造、修理单位进行。

电梯的维护保养单位应当在维护保养中严格执行安全技术规范的要求，保证其维护保养的电梯的安全性能，并负责落实现场安全防护措施，保证施工安全。

电梯的维护保养单位应当对其维护保养的电梯的安全性能负责；接到故障通知后，应当立即赶赴现场，并采取必要的应急救援措施。

第四十六条 电梯投入使用后，电梯制造单位应当对其制造的电梯的安全运行情况进行跟踪调查和了解，对电梯的维护保养单位或者使用单位在维护保养和安全运行方面存在的问题，提出改进建议，并提供必要的技术帮助；发现电梯存在严重事故隐患时，应当及时告知电梯使用单位，并向负责特种设备安全监督管理的部门报告。电梯制造单位对调查和了解的情况，应当作出记录。

要像蜜蜂一样细致
安全风险才能防范

第四十七条 特种设备进行改造、修理，按照规定需要变更使用登记的，应当办理变更登记，方可继续使用。

第四十八条 特种设备存在严重事故隐患，无改造、修理价值，或者达到安全技术规范规定的其他报废条件的，特种设备使用单位应当依法履行报废义务，采取必要措施消除该特种设备的使用功能，并向原登记的负责特种设备安全监督管理的部门办理使用登记证书注销手续。

前款规定报废条件以外的特种设备，达到设计使用年限可以继续使用的，应当按照安全技术规范的要求通过检验或者安全评估，并办理使用登记证书变更，方可继续使用。允许继续使用的，应当采取加强检验、检测和维护保养等措施，确保使用安全。

第四十九条 移动式压力容器、气瓶充装单位，应当具备下列条件，并经负责特种设备安全监督管理的部门许可，方可从事充装活动：

（一）有与充装和管理相适应的管理人员和技术人员；

（二）有与充装和管理相适应的充装设备、检测手段、场地厂房、器具、安全设施；

（三）有健全的充装管理制度、责任制度、处理措施。

充装单位应当建立充装前后的检查、记录制度，禁止对不符合安全技术规范要求的移动式压力容器和气瓶进行充装。

……

要像蜜蜂一样投入
安全隐患才能消除

第三章 检验、检测

第五十条 从事本法规定的监督检验、定期检验的特种设备检验机构，以及为特种设备生产、经营、使用提供检测服务的特种设备检测机构，应当具备下列条件，并经负责特种设备安全监督管理的部门核准，方可从事检验、检测工作：

（一）有与检验、检测工作相适应的检验、检测人员；

（二）有与检验、检测工作相适应的检验、检测仪器和设备；

（三）有健全的检验、检测管理制度和责任制度。

第五十一条 特种设备检验、检测机构的检验、检测人员应当经考核，取得检验、检测人员资格，方可从事检验、检测工作。

特种设备检验、检测机构的检验、检测人员不得同时在两个以上检验、检测机构中执业；变更执业机构的，应当依法办理变更手续。

第五十二条 特种设备检验、检测工作应当遵守法律、行政法规的规定，并按照安全技术规范的要求进行。

特种设备检验、检测机构及其检验、检测人员应当依法为特种设备生产、经营、使用单位提供安全、可靠、便捷、诚信的检验、检测服务。

第五十三条 特种设备检验、检测机构及其检验、检测人员应当客观、公正、及时地出具检验、检测报告，并对检验、检测结果和鉴定结论负责。

……

消防应急篇

机场、机务与机关安全对标

——“三机”管理体系的建设与思考

习近平总书记指出：“创新是一个民族进步的灵魂，是一个国家兴旺发达的不竭动力，也是中华民族最深沉的民族禀赋。在激烈的国际竞争中，惟创新者进，惟创新者强，惟创新者胜。”

机关事务管理是国家治理体系的重要组成部分，创新则是做好机关事务管理工作的不竭动力和生命源泉。全面贯彻党的十九大精神，坚持新发展理念，落实高质量发展要求，高标准履行新时代管理服务保障职能，推进“六个机关”建设，必须加快研究“统一管理、规范保障、优质服务、高效运转”的机关事务管理服务保障工作体系。

近年来，在习近平新时代中国特色社会主义思想指引下，在不断深化机关后勤服务社会化改革的时代背景下，成都市机关事务管理局按照国家机关事务管理局“七化”“三个机关”和“把成都作为机关事务文化建设联系点”的工作要求，结合“安全机关”建设实际，围绕“安全管理看机场，维护维保看机务，服务保障看机关”的工作思路，进一步拓宽工作视野，深入开展跨行业对标，学习借鉴机场及航空领域管理服务保障工作先进理念，摸索总结并初步形成了具有自身特色的“三机”对标管理体系，为推动机关事务工作高质量发展做出了新的探索和尝试。

一、方向——建设“三机”对标管理体系

（一）“三机”对标的基本概念。机场作为航空运输和城市建设的基础设施，是本地及区域综合交通体系的重要组成部分，具有人流量大、管理范围广、区域划分细、设备种类多、安全要求高等特点，其建设、管理及保障水平始终走在社

会前列。由于机场管理服务保障工作的一些特点与党政机关的要求高度契合，科学系统地研究、学习、借鉴机场及航空领域先进工作模式，建设安全文明机关保障体系，对加快推进“六个机关”建设具有重大的理论和实践意义。为此，我局先后多次派员赴成都双流国际机场学习交流，在深入调研和不断摸索的基础上，提出了在本级机关开展以“对标机场健全安防体系，学习机务建强维护体系，研究机关建设管理体系”为主要内容的“三机”对标管理体系建设。通过将航空领域的优秀管理经验与机关事务管理工作深度融合，不断创新管理手段、健全管理组织、完善管理机制、优化管理方法，及时理顺和规范机关集中办公区管理工作体系，发现和消除服务保障中的风险隐患，确保机关集中办公区安全稳定、高效运转、风险可控，推动我市机关事务工作管理、服务、保障能力全面提升。

（二）“三机”对标的主要内容。

1.对标机场“抓安防”。习近平总书记在党的十九大报告中指出：“要树立安全发展理念，弘扬生命至上、安全第一的思想，健全公共安全体系，完善安全生产责任制，坚决遏制重特大安全事故，提升防灾减灾救灾能力。”高标准贯彻落实党中央指示要求，高质量建设“平安机关”是各级机关事务主管部门的重要任务。在机场安防体系中，“前端监控全覆盖、中端安检全覆盖、末端门禁全覆盖、全区域智能管控全覆盖”的建设要求，为加强机关安防管理提供了全新的思路和借鉴。对标机场安防体系，高起点打造机关安防体系、高质量保证机关安全运行，对提高机关安全管理水平、提升党政机关工作效率大有裨益。

2.学习机务“重维护”。“管理是基础，技术是关键。”高标准做好我市市级机关130余万平米办公用房和16000余台套各类设施设备日常维护工作，是确保机关安全、有序、高效运行的重要基础。机务维护工作“对每一个工作任务精细分解、对每一个工作环节精确控制、对每一个安全隐患精准排查”的工作方法；

“领导不在场和在场一样、冬天和夏天工作一样、坏天气和好天气工作一样、节假日和平常日工作一样”的工作作风；“工作前想规章、程序和指令，工作中想安全规定，工作后想有无疏漏”的工作理念对指导我们做精、做细、做实办公区的维护维保工作具有重要的意义。

3.研究机关“强管理”。“建设牢固树立和践行‘四个意识’的政治机关，坚决落实党中央、国务院决策部署的行政机关，为党政机关规范高效运行提供有力保障的服务机关”是国家机关事务管理局对全国机关事务管理系统提出的工作要求。当前，随着机构改革工作的不断深入，由机关事务主管部门提供集中统一的管理服务保障已经成为一种趋势。面对新任务、新挑战，各级机关事务工作者要不断深化研究自身工作的需求和特点，拓展工作视野、突出对标对表、强化体系建设，不断提高管理科学化水平，完善服务功能，提升机关服务水平。

二、启示——航空安全范例

迄今为止，飞机仍是世界上最安全的交通工具。根据数据显示，飞机发生重大事故的概率约为三百万分之一。也就是说，如果一个人每天都会坐一次飞机，需要连续坐8200年的飞机才会不幸遇到一次飞机事故。而飞机之所以会成为最安全的交通工具，固然与它采用的精密先进设计分不开，但是更与航空管理中严谨细致的工作作风、健全周密的安全措施、严格周全的安全管控、精湛专业的维护技术等因素密不可分。

（一）“亡羊补牢”与“未雨绸缪”。众所周知，安全检查是机场安全管理的重要环节，也是机场安防的第一道关口。在“9·11”恐怖袭击发生前，美国国内民众对于恐怖袭击基本处于“不设防”的状态。在此之后，美国合并了联邦应急管理署、海岸警卫队、移民和海关总署等机构，组建了国土安全部，通过了《爱国者法案》，在国内启动了坚决的反恐举措，不仅创造性地提出“全民反恐”

的概念，还颁布实施了严格的《航空和交通保安法》，在各大机场配备了最先进的爆炸物安检设备及X光机安检系统，杜绝能够威胁到航空安全的物品被带进机场。

我国于2016年4月起开始执行《中国民用航空应急管理规定》，通过逐步政策收紧，大容量的液体、打火机、大容量锂电池及刀具都已经不允许带上飞机，相应的检查力度也大幅提升。除传统的安检手段外，部分机场还启用了“人脸识别”辅助验证功能，对旅客实行差异化安检，创新了安检模式、优化了安检流程。深圳机场在2016年开始试用人脸识别系统，2018年开始试行旅客差异化安检模式。差异化安检模式以“大数据”为支撑，综合了公安数据信息筛查的重点人员信息、旅客的基础信息以及旅客出行的数据。首先对旅客出行数据进行安全信用评估和预审后，再通过现场设置的闸机载体，将旅客按不同类别进行分类，并做分流提醒，实现刷脸无感准入通行。

（二）“行为控制”与“流程管控”。2010年，国内某航空公司一架B757—200飞机在执飞北京—武汉航班时，在飞机起飞收起起落架环节，告警系统显示左起落架和前起落架亮红灯，右起落架正常。机组再次放下起落架后，三个起落架正常。重复收起起落架动作，均显示左起落架和前起落架亮红灯，右起落架正常。在确认起落架放下正常后，飞机安全返航。后经调查，系维护人员做航前检查时未将三个起落架的安全销拔下，右起落架安全销在起飞过程中脱落。这个案例告诉我们，人的不可控行为仍是飞行安全和各类安全事故的主要原因。那么在航空领域中，较高的安全保障效率又是如何实现的呢？ 在航空维修和保障工作中，绝大多数单位都采用了“福特式”流水线工作制度，在工作流水线的设计之初就将工作的所有过程加以分解成一个个精华细节，每个工作环节的员工只要按照标准严格执行，就很难发生质量缺陷和安全漏洞。航空公司将安全责任逐级分解，明确每一个一线班组的职责范围，各个班组又结合自身的职责范围，给每位员工界定其职责，将责任落实到个人。在此基础上，还吸取“福特式”流水线制度中的“细分工作思路”，分解和提炼每一项常见故障、多发故障与长项维护工作的工作要领与步骤，形成专属的《维护工作手册》，并通过“传、帮、带”活动，让处于不同技术水平层次、不同经验层次的机务员工在遇到绝大多数相同的维修故障或问题时，能机械式地按照标准严格执行维护工作内容，以接近于一致的水平提供排故和维护服务，并最大程度地杜绝安全隐患和漏洞。

（三）“理念引领”与“效果呈现”。服务在本质上是一种人际交往关系，这种关系由服务者、被服务者和服务环境三元素组成。其中，服务者是影响服务质量的最主动、最积极的因素。一名优秀的服务者可以在服务过程中营造出令人愉快的氛围，使服务三元素间的关系达到和谐统一，这种和谐统一的美就是优质服务。众所周知，航空服务是服务行业的一个特殊门类，是精品、优质、高端服务的代名词，世界知名的航空公司首先引起大家共鸣的就是他们的优质服务口碑，如新加坡航空公司就是世界公认的提供优质服务的航空公司之一。在航空服务业，有两个值得学习借鉴的优质服务理念，一是“两一”理念，二是“五心”服务。“两一”理念是指“一切从顾客感受出发，珍惜每一次服务机会”，“五心”服务是指“爱心、耐心、责任心、包容心、同情心”。实践优秀理念，不仅要求乘务员要有娴熟的服务技巧，更需要乘务员具备与提供优质服务相匹配的优秀个人品格。

新加坡航空公司曾有一架飞往马尔代夫的航班因天气原因延误，空乘服务人员从航班登机延误的第五分钟开始发放点心和饮料，安排专人全程将点心和饮料送到未主动领取的乘客的候机位，并且只要乘客需要随时可以给他补发或增发；登机时让带儿童的客人优先登机；客人登机就坐后，空乘服务人员以最快的速度为每个乘客递上拥有独特香味的热毛巾，给儿童分发他们专用的耳机和小玩具，发餐前询问客人对食物有无特殊要求，以及发餐时在暂时不想用餐的客人椅子上方贴上“请勿打扰”的提示便条……空乘人员全程规范礼貌的行为让所有乘客真正感受到了他们的热情，感受到了新航服务的热心和贴心。

三、借鉴——航空行为规范与文化

“祸之作，不作于作之日，亦必有所由兆。”飞机涡轮发动机的发明者、德国人帕布斯·海恩曾从飞机飞行安全事故的角度进行深入剖析后，提出了一个在航空界关于飞行安全的法则，现多被用于安全管理，它叫做“海恩法则”。该法则指出：每一起严重事故的背后，必然有29次轻微事故和300起未遂先兆以及1000起事故隐患。

进入21世纪，航空器设计和制造业有了迅猛的发展，飞机的安全性和可靠性都得到了很大程度的提高。但是先进的设备并不能消除人为的不安全行为隐患，相关事故统计数据显示，由人的不安全行为引发的事故占总事故比例的80%。航空公司的实际运营操作人员在运行中为了提高效率，故意违背规章或者简化运行的一些必要程序，这样的违规行为和问题就给飞行安全带来了隐患，如果没能及时发现和纠正也将导致事故的发生。航空行为规范是所有参与航空活动的有关人员，特别是航空从业者的行为规范，而规范地参与行为将会大大减少航空安全隐患。因此，大力宣传和倡导行为文化规范化，提高从业者的规范操作意识和技能，将有助于减少违规行为，增加安全性。

航空行为文化是航空文化的行为文化层，是指在航空实践中某个特定航空群体在共同拥有的信念、判断标准、态度以及行为准则下表现出来的行为模式，航空行为规范是从航空行为文化角度对员工行为作出的针对性约束和规定。例如空乘人员在客舱服务中的各服务环节，都要遵守《客舱机组人员行为规范》，从在客舱迎接旅客登机、与旅客沟通，到飞机飞行中的供餐、送饮料等都有一整套特有的仪容、仪表、仪态和标准的言谈举止。飞行人员也需遵守《中国民用航空飞行人员训练管理规定（CCAR-62FS）》中的相关行为规范：大型的客机一般由一个机长和一个副驾驶共同操作，从培训上岗到实际操作，机长的飞行时长需达到上万小时，副驾驶的飞行时长也需有几千小时。在机长和副驾驶的培训中，也会模拟各种危险的环境和场景中进行起飞、飞行、着陆和危机应变等操作，尽量避免飞机因为操作失误的问题引发危险。航空维修技师在维修过程中执行《民用航空器维修人员的行为规范》，强调将安全放在最优先位置，遵守严谨的操作手法和个人的工作参数，对从业人员从证件、着装、仪容、路线、工作行为、休息行为等进入工作场所前后的所有几乎活动环节进行了全方位规范，并落实了严格的检查监督和考察考评。这些航空管理中的行为规范，在长期执行过程中，逐步形成了具有自身特色的航空安全行为文化，对我们做好办公区维护管理、夯实机关安全基础具有很强的指导意义。

四、行动——“三机”对标的实践与体会

高起点、高标准完成新时代赋予机关事务工作的使命任务，开展“三机”对标管理体系建设既是方向，也是路径。确定方向需要学习、借鉴，探索路径需要吸收、创新。我局把握机遇、主动作为，把“三机”对标管理体系作为推进机关事务工作高质量发展的重要抓手，综合分析机关事务管理保障服务的外部需求以及机关事务运行管理的内部要求，在深入研究航空安全管理模式的基础上，把机关管理服务保障模式与之进行比较，提出了创新管理保障服务方式，固化、转化“三机”对标工作成果。

（一）学机场，把安全管理做“强”。在机场安全管控的重点工作中，除了飞控和航道区域的安全管控外，其他管控均与党政机关安全管理要求高度契合，建设重点也有许多可复制、可学习、可借鉴的方面。在“三机”对标中我们按照

先易后难、由点及面、先试点后推广的思路，分步有序在市级机关集中办公区推进“监控系统”“周界入侵报警系统”和“人脸识别系统”升级建设。其中人脸识别系统可以通过高效算法，实时将现场抓拍的持证人脸部图像与大数据进行比对，再根据预设阀值判断是否为本人，门岗人员以判定结果为辅助依据决定是否放行。利用人脸识别技术，精准、快速地辅助门岗人员核查来访人员身份，来访人员也可以享受刷脸过检的便捷模式，有效地杜绝了伪造证件、蒙混入关等情形，为市级机关安全把好第一道关口。

一是实现从“模拟”向“高清”迭代。及时将原有的模拟信号监控系统升级为清晰度更高、实用性更强的数字监控系统，设置多层级监控体系，全面增强视频监控效果，提升监控质效。二是实现从“粗放”向“精细”升级。根据办公区管理实际和工作需要，按重要性对现有工作区域进行划分，并针对不同的安全需求配置相应的安防力量、建立科学的管理制度、配置优化的硬件资源，从而实现“人、物、技与制度”的最佳结合。三是实现从“网络”向“网格”跨越。根据分区管理情况对各类区域实施网格化划分，落实责任主体、明确责任界面、细化责任分工，实现安全管理上的“无死角、无盲区、无漏洞”。四是实现从“人工”向“智能”转变。扩大人脸识别、视频分析、智能化报警系统的应用范围，将节能、房屋、车辆、资产等相关保障信息进行全面整合，构筑与基础安防系统相融合物联网、大数据监控管理平台，提高安全工作的决策效率。

（二）学机务，把保障管理做“细”。航空机务维护工作的优良作风和先进经验，是航空安全的重要保障。在“三机”对标过程中，我们对办公区现行的管理和保障体系进行深入研究。针对集中办公区入驻单位多、功能需求多、大型活动多等特点，明确了“谁主管、谁使用、谁负责”的原则，围绕“管好物”“管好事”“管好人”，不断加强制度体系建设，在维护工作中同步实施 “网格化”

管理，形成了以房屋安全使用管理、设备维护管理、车辆交通管理、应急处置管理为主体，横向到边、纵向到底的市级机关管理保障制度体系，明确了“重责任、重质量、重问题”的工作思路，确保了责任到位、落实到位、监管到位。

一是实现从“重要求”向“重责任”转变。着力纠正过去“要求多、责任少”的问题，指导各服务端口和保障单位进一步明确职责范围和工作边界，实现工作分工上无缝隙、工作交接上无空档、工作责任上无盲区。二是实现从“重数量”向“重质量”转变。着力纠正过去“质量不够，人数来凑”的错误认识，要求各服务端口和保障单位进一步明确每一个工作岗位的人员基本素质和专业要求，定期组织开展专业技能培训，开展专业能力考核，落实持证上岗要求，跨单位选拔业务水平高的人员，组织开展“传、帮、带”活动，分享工作经验、提高工作能力。三是从“重成绩”向“重问题”转变。着力纠正过去“成绩为主，问题为辅”的片面做法，以问题为导向，以机关为主体，组织本级相关职能部门，定期开展安全隐患大检查，及时发现不符合质量要求、存在安全隐患的人和事，发放整改通知、督促整改落实，通过问题牵引加强和提升工作质量。

（三）学空乘，把服务管理做“优”。自我国民用航空服务体系建立以来，空乘服务始终走在服务行业的最前列，其先进的服务理念和多样化的服务内容一直被诸多行业模仿和学习。我局管理的市级机关集中办公区每年为70余个市级部门提供约300万人次的餐饮服务保障和约3200场次的会议保障，具有服务对象多、保障任务重、安全压力大的特点。对照空中乘务员队伍管理服务理念和国家相关法律法规，在“三机”对标过程中，我们对机关事务管理体系中的服务单位采取了“全过程”管理，引导服务团队和服务人员“以优质服务赢得信任，以优异成绩赢得尊重”，并积极推行“用心、热心、贴心、细心、恒心”的“五心”服务工作法，树立“匠心、真心、热心、细心、虚心”的“五心”服务品牌，真正做到把服务对象当亲人，讲大局、讲担当、讲奉献、讲实干，不讲条件、不计得失、不辞劳苦， 切实提升服务水平。

一是把好“入口关”。根据国家相关法律法规，研究制定《市级机关服务保障单位准入制度》，选取服务业绩好、员工队伍强、工作作风优的高效团队进入机关参与服务保障工作。二是把好“管理关”。对通过购买服务方式进入机关从事服务、维护、保障工作的工作团队落实严格的过程考评管理，通过建立昼查夜巡，日查、周检、月分析等制度，不断提升和强化服务团队的工作能力。三是把好“考评关”。针对服务团队差异化的工作流程，梳理完善适用于本级机关的服务、维护、保障标准，研究制定《市级机关集中办公区物业（维保）管理服务履约情况监督考评办法》，规范服务团队的工作质量，促进管理水平不断提升。四是把好“作风关”。通过强有力的日常教育和管理，引导服务团队筑牢“以优质的服务赢得信任，以优异的成绩赢得尊重”的工作理念，树立“主动、互动、联动、心动、变动”的工作思路，逐步形成具有机关特色的工作作风。

“学无止境，理无专在。”“三机”管理对标是我局近年来拓展工作思路、拓宽工作视野的具体实践，也是围绕中心任务、挖掘自身优势进行的有益探索。在对标建设“三机”管理体系的过程中，我们实现了机关事务管理工作的全面提质增效，形成了具有自身特色的文化品牌和文化符号，展现了创新思维模式带来的强大动力。下一步，我们将继续沿着“三机”对标的思维模式，务实创新、勤学敏行，为新时代机关事务管理工作创新发展做出自己应有的贡献。

消防通道千万条 保持畅通为首条

消防通道不能堵 火灾逃生救命路

严禁 ~~锁闭~~ ~~阻挡~~ 疏散通道

因为当危险发生时，它就是您的**生命通道**。

中华人民共和国消防法（2019修正）（节选）

第二章 火灾预防

第八条 地方各级人民政府应当将包括消防安全布局、消防站、消防供水、消防通信、消防车通道、消防装备等内容的消防规划纳入城乡规划，并负责组织实施。 城乡消防安全布局不符合消防安全要求的，应当调整、完善；公共消防设施、消防装备不足或者不适应实际需要的，应当增建、改建、配置或者进行技术改造。

第九条 建设工程的消防设计、施工必须符合国家工程建设消防技术标准。建设、设计、施工、工程监理等单位依法对建设工程的消防设计、施工质量负责。

第十条 对按照国家工程建设消防技术标准需要进行消防设计的建设工程，实行建设工程消防设计审查验收制度。

第十一条 国务院住房和城乡建设主管部门规定的特殊建设工程，建设单位应当将消防设计文件报送住房和城乡建设主管部门审查，住房和城乡建设主管部门依法对审查的结果负责。前款规定以外的其他建设工程，建设单位申请领取施工许可证或者申请批准开工报告时应当提供满足施工需要的消防设计图纸及技术资料。

第十二条 特殊建设工程未经消防设计审查或者审查不合格的，建设单位、施工单位不得施工；其他建设工程，建设单位未提供满足施工需要的消防设计图纸及技术资料的，有关部门不得发放施工许可证或者批准开工报告。

消防安全
人人有责
共同做好办公区消防安全工作
E 4
E 4

第十三条 国务院住房和城乡建设主管部门规定应当申请消防验收的建设工程竣工，建设单位应当向住房和城乡建设主管部门申请消防验收。前款规定以外的其他建设工程，建设单位在验收后应当报住房和城乡建设主管部门备案，住房和城乡建设主管部门应当进行抽查。依法应当进行消防验收的建设工程，未经消防验收或者消防验收不合格的，禁止投入使用；其他建设工程经依法抽查不合格的，应当停止使用。

第十四条 建设工程消防设计审查、消防验收、备案和抽查的具体办法，由国务院住房和城乡建设主管部门规定。

第十五条 公众聚集场所在投入使用、营业前，建设单位或者使用单位应当向场所所在地的县级以上地方人民政府消防救援机构申请消防安全检查。消防救援机构应当自受理申请之日起十个工作日内，根据消防技术标准和管理规定，对该场所进行消防安全检查。未经消防安全检查或者经检查不符合消防安全要求的，不得投入使用、营业。

第十六条 机关、团体、企业、事业等单位应当履行下列消防安全职责：

（一）落实消防安全责任制，制定本单位的消防安全制度、消防安全操作规程，制定灭火和应急疏散预案；

（二）按照国家标准、行业标准配置消防设施、器材，设置消防安全标志，并定期组织检验、维修，确保完好有效；

关注消防
珍爱生命
构建和谐安全办公区

（三）对建筑消防设施每年至少进行一次全面检测，确保完好有效，检测记录应当完整准确，存档备查；

（四）保障疏散通道、安全出口、消防车通道畅通，保证防火防烟分区、防火间距符合消防技术标准；

（五）组织防火检查，及时消除火灾隐患；

（六）组织进行有针对性的消防演练；

（七）法律、法规规定的其他消防安全职责。单位的主要负责人是本单位的消防安全责任人。

第十七条 县级以上地方人民政府消防救援机构应当将发生火灾可能性较大以及发生火灾可能造成重大的人身伤亡或者财产损失的单位，确定为本行政区域内的消防安全重点单位，并由应急管理部门报本级人民政府备案。消防安全重点单位除应当履行本法第十六条规定的职责外，还应当履行下列消防安全职责：

（一）确定消防安全管理人，组织实施本单位的消防安全管理工作；

（二）建立消防档案，确定消防安全重点部位，设置防火标志，实行严格管理；

（三）实行每日防火巡查，并建立巡查记录；

（四）对职工进行岗前消防安全培训，定期组织消防安全培训和消防演练。

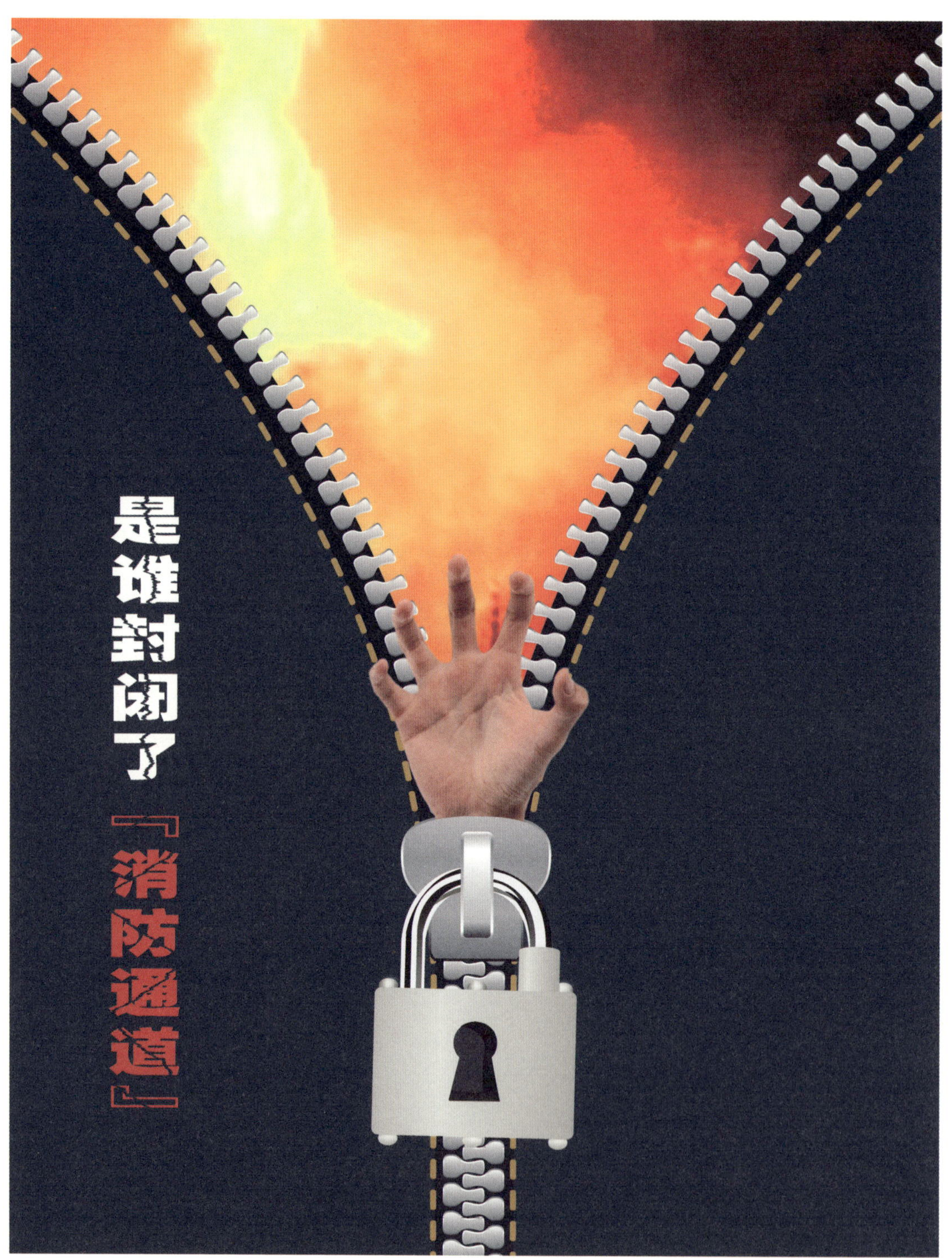
是谁封闭了
『消防通道』

第十八条 同一建筑物由两个以上单位管理或者使用的，应当明确各方的消防安全责任，并确定责任人对共用的疏散通道、安全出口、建筑消防设施和消防车通道进行统一管理。住宅区的物业服务企业应当对管理区域内的共用消防设施进行维护管理，提供消防安全防范服务。

第十九条 生产、储存、经营易燃易爆危险品的场所不得与居住场所设置在同一建筑物内，并应当与居住场所保持安全距离。生产、储存、经营其他物品的场所与居住场所设置在同一建筑物内的，应当符合国家工程建设消防技术标准。

第二十条 举办大型群众性活动，承办人应当依法向公安机关申请安全许可，制定灭火和应急疏散预案并组织演练，明确消防安全责任分工，确定消防安全管理人员，保持消防设施和消防器材配置齐全、完好有效，保证疏散通道、安全出口、疏散指示标志、应急照明和消防车通道符合消防技术标准和管理规定。

第二十一条 禁止在具有火灾、爆炸危险的场所吸烟、使用明火。因施工等特殊情况需要使用明火作业的，应当按照规定事先办理审批手续，采取相应的消防安全措施；作业人员应当遵守消防安全规定。进行电焊、气焊等具有火灾危险作业的人员和自动消防系统的操作人员，必须持证上岗，并遵守消防安全操作规程。

中国消防
CHINA FIRE SERVICES
消防不重视
后果很严重

第二十二条 生产、储存、装卸易燃易爆危险品的工厂、仓库和专用车站、码头的设置，应当符合消防技术标准。易燃易爆气体和液体的充装站、供应站、调压站，应当设置在符合消防安全要求的位置，并符合防火防爆要求。已经设置的生产、储存、装卸易燃易爆危险品的工厂、仓库和专用车站、码头，易燃易爆气体和液体的充装站、供应站、调压站，不再符合前款规定的，地方人民政府应当组织、协调有关部门、单位限期解决，消除安全隐患。

第二十三条 生产、储存、运输、销售、使用、销毁易燃易爆危险品，必须执行消防技术标准和管理规定。进入生产、储存易燃易爆危险品的场所，必须执行消防安全规定。禁止非法携带易燃易爆危险品进入公共场所或者乘坐公共交通工具。储存可燃物资仓库的管理，必须执行消防技术标准和管理规定。

第二十四条 消防产品必须符合国家标准；没有国家标准的，必须符合行业标准。禁止生产、销售或者使用不合格的消防产品以及国家明令淘汰的消防产品。依法实行强制性产品认证的消防产品，由具有法定资质的认证机构按照国家标准、行业标准的强制性要求认证合格后，方可生产、销售、使用。实行强制性产品认证的消防产品目录，由国务院产品质量监督部门会同国务院应急管理部门制定并公布。新研制的尚未制定国家标准、行业标准的消防产品，应当按照国务院产品质量监督部门会同国务院应急管理部门规定的办法，经技术鉴定符合消防安全要求的，方可生产、销售、使用。依照本条规定经强制性产品认证合格或者技术鉴定合格的消防产品，国务院应急管理部门应当予以公布。

火
消除隐患
防止火灾

第二十五条 产品质量监督部门、工商行政管理部门、消防救援机构应当按照各自职责加强对消防产品质量的监督检查。

第二十六条 建筑构件、建筑材料和室内装修、装饰材料的防火性能必须符合国家标准；没有国家标准的，必须符合行业标准。

人员密集场所室内装修、装饰，应当按照消防技术标准的要求，使用不燃、难燃材料。

第二十七条 电器产品、燃气用具的产品标准，应当符合消防安全的要求。

电器产品、燃气用具的安装、使用及其线路、管路的设计、敷设、维护保养、检测，必须符合消防技术标准和管理规定。

第二十八条 任何单位、个人不得损坏、挪用或者擅自拆除、停用消防设施、器材，不得埋压、圈占、遮挡消火栓或者占用防火间距，不得占用、堵塞、封闭疏散通道、安全出口、消防车通道。人员密集场所的门窗不得设置影响逃生和灭火救援的障碍物。

第二十九条 负责公共消防设施维护管理的单位，应当保持消防供水、消防通信、消防车通道等公共消防设施的完好有效。在修建道路以及停电、停水、截断通信线路时有可能影响消防队灭火救援的，有关单位必须事先通知当地消防救援机构。

第三十条 地方各级人民政府应当加强对农村消防工作的领导，采取措施加强公共消防设施建设，组织建立和督促落实消防安全责任制。

有防无患
YOU FANG
WU HUAN

第三十一条 在农业收获季节、森林和草原防火期间、重大节假日期间以及火灾多发季节，地方各级人民政府应当组织开展有针对性的消防宣传教育，采取防火措施，进行消防安全检查。

第三十二条 乡镇人民政府、城市街道办事处应当指导、支持和帮助村民委员会、居民委员会开展群众性的消防工作。村民委员会、居民委员会应当确定消防安全管理人，组织制定防火安全公约，进行防火安全检查。

第三十三条 国家鼓励、引导公众聚集场所和生产、储存、运输、销售易燃易爆危险品的企业投保火灾公众责任保险；鼓励保险公司承保火灾公众责任保险。

第三十四条 消防产品质量认证、消防设施检测、消防安全监测等消防技术服务机构和执业人员，应当依法获得相应的资质、资格；依照法律、行政法规、国家标准、行业标准和执业准则，接受委托提供消防技术服务，并对服务质量负责。

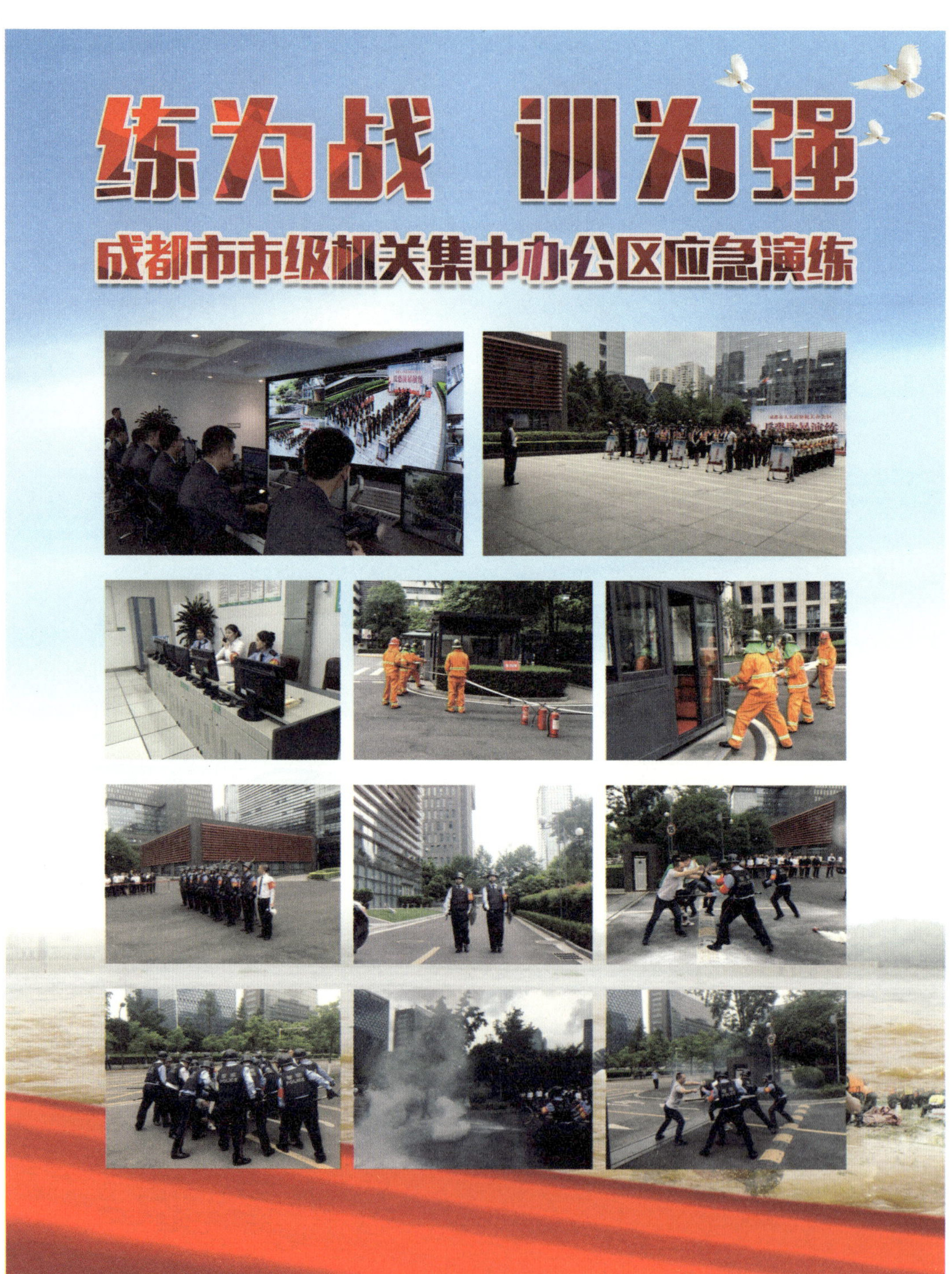
练为战　训为强
成都市市级机关集中办公区应急演练

第三章 消防组织

第三十五条 各级人民政府应当加强消防组织建设，根据经济社会发展的需要，建立多种形式的消防组织，加强消防技术人才培养，增强火灾预防、扑救和应急救援的能力。

第三十六条 县级以上地方人民政府应当按照国家规定建立国家综合性消防救援队、专职消防队，并按照国家标准配备消防装备，承担火灾扑救工作。乡镇人民政府应当根据当地经济发展和消防工作的需要，建立专职消防队、志愿消防队，承担火灾扑救工作。

第三十七条 国家综合性消防救援队、专职消防队按照国家规定承担重大灾害事故和其他以抢救人员生命为主的应急救援工作。

第三十八条 国家综合性消防救援队、专职消防队应当充分发挥火灾扑救和应急救援专业力量的骨干作用；按照国家规定，组织实施专业技能训练，配备并维护保养装备器材，提高火灾扑救和应急救援的能力。

第三十九条 下列单位应当建立单位专职消防队，承担本单位的火灾扑救工作：

（一）大型核设施单位、大型发电厂、民用机场、主要港口；

（二）生产、储存易燃易爆危险品的大型企业；

（三）储备可燃的重要物资的大型仓库、基地；

练为战　训为强
成都市市级机关集中办公区应急演练
市委机关办公区项目突发停电应急演练

（四）第一项、第二项、第三项规定以外的火灾危险性较大、距离国家综合性消防救援队较远的其他大型企业；

（五）距离国家综合性消防救援队较远、被列为全国重点文物保护单位的古建筑群的管理单位。

第四十条 专职消防队的建立，应当符合国家有关规定，并报当地消防救援机构验收。

专职消防队的队员依法享受社会保险和福利待遇。

第四十一条 机关、团体、企业、事业等单位以及村民委员会、居民委员会根据需要，建立志愿消防队等多种形式的消防组织，开展群众性自防自救工作。

第四十二条 消防救援机构应当对专职消防队、志愿消防队等消防组织进行业务指导；根据扑救火灾的需要，可以调动指挥专职消防队参加火灾扑救工作。

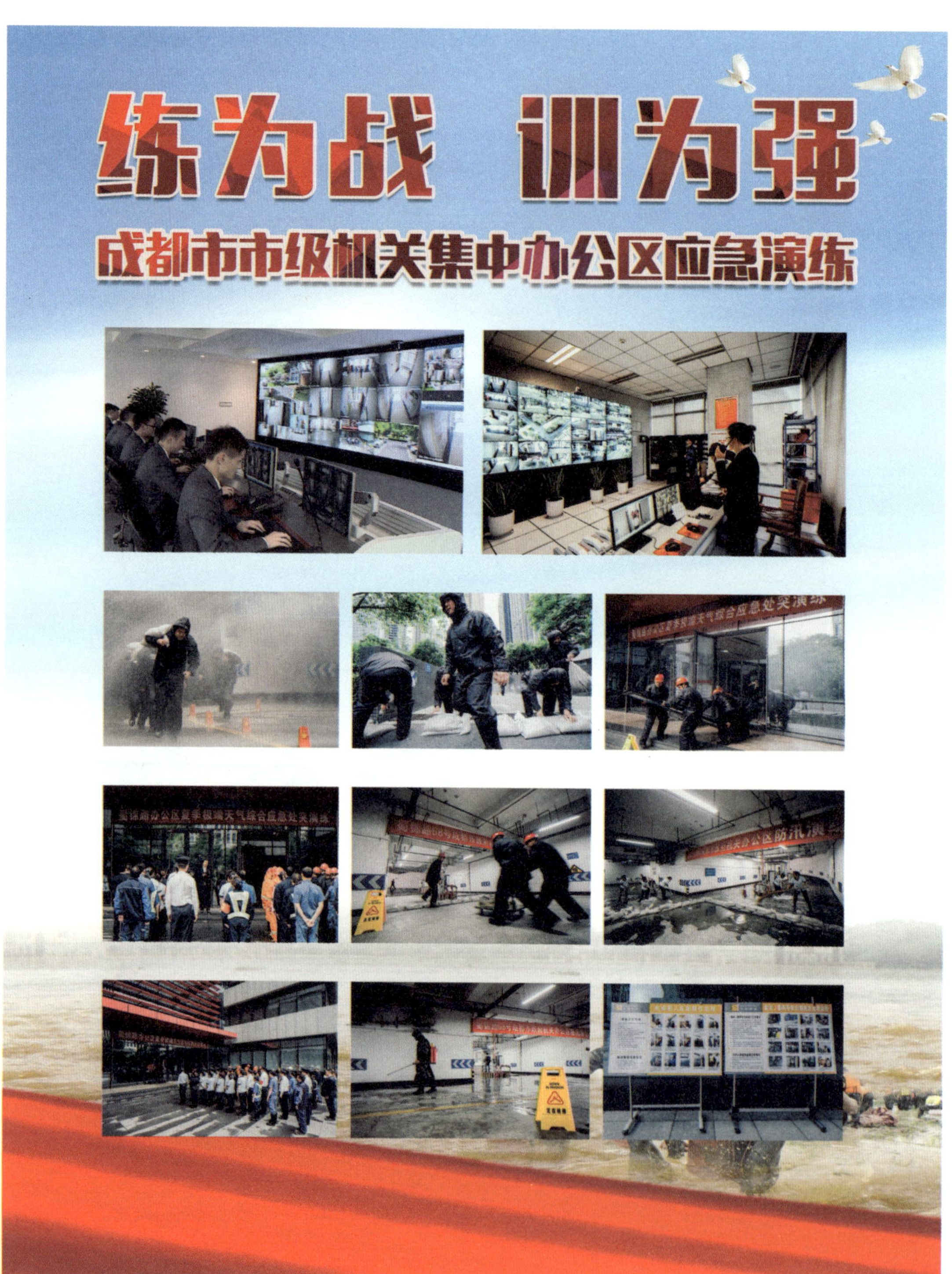
练为战 训为强
成都市市级机关集中办公区应急演练

第四章 灭火救援

第四十三条 县级以上地方人民政府应当组织有关部门针对本行政区域内的火灾特点制定应急预案，建立应急反应和处置机制，为火灾扑救和应急救援工作提供人员、装备等保障。

第四十四条 任何人发现火灾都应当立即报警。任何单位、个人都应当无偿为报警提供便利，不得阻拦报警。严禁谎报火警。

人员密集场所发生火灾，该场所的现场工作人员应当立即组织、引导在场人员疏散。

任何单位发生火灾，必须立即组织力量扑救。邻近单位应当给予支援。

消防队接到火警，必须立即赶赴火灾现场，救助遇险人员，排除险情，扑灭火灾。

第四十五条 消防救援机构统一组织和指挥火灾现场扑救，应当优先保障遇险人员的生命安全。火灾现场总指挥根据扑救火灾的需要，有权决定下列事项：

（一）使用各种水源；

（二）截断电力、可燃气体和可燃液体的输送，限制用火用电；

（三）划定警戒区，实行局部交通管制；

（四）利用临近建筑物和有关设施；

（五）为了抢救人员和重要物资，防止火势蔓延，拆除或者破损毗邻火灾现场的建筑物、构筑物或者设施等；

（六）调动供水、供电、供气、通信、医疗救护、交通运输、环境保护等有关单位协助灭火救援。根据扑救火灾的紧急需要，有关地方人民政府应当组织人员、调集所需物资支援灭火。

防火=防患未“燃”

关注消防

安全你我

查设施器材、物品属性，
禁损坏挪用、易燃可燃。

查电器线路、用电设备，
禁私搭乱接、违章使用。

查通道出口、物品存放，
禁封闭堵塞、违规存储。

查室内吸烟、人员住宿，
禁乱扔烟头、擅用明火。

第四十六条 国家综合性消防救援队、专职消防队参加火灾以外的其他重大灾害事故的应急救援工作，由县级以上人民政府统一领导。

第四十七条 消防车、消防艇前往执行火灾扑救或者应急救援任务，在确保安全的前提下，不受行驶速度、行驶路线、行驶方向和指挥信号的限制，其他车辆、船舶以及行人应当让行，不得穿插超越；收费公路、桥梁免收车辆通行费。交通管理指挥人员应当保证消防车、消防艇迅速通行。

赶赴火灾现场或者应急救援现场的消防人员和调集的消防装备、物资，需要铁路、水路或者航空运输的，有关单位应当优先运输。

第四十八条 消防车、消防艇以及消防器材、装备和设施，不得用于与消防和应急救援工作无关的事项。

第四十九条 国家综合性消防救援队、专职消防队扑救火灾、应急救援，不得收取任何费用。

单位专职消防队、志愿消防队参加扑救外单位火灾所损耗的燃料、灭火剂和器材、装备等，由火灾发生地的人民政府给予补偿。

第五十条 对因参加扑救火灾或者应急救援受伤、致残或者死亡的人员，按照国家有关规定给予医疗、抚恤。

第五十一条 消防救援机构有权根据需要封闭火灾现场，负责调查火灾原因，统计火灾损失。

火灾扑灭后，发生火灾的单位和相关人员应当按照消防救援机构的要求保护现场，接受事故调查，如实提供与火灾有关的情况。

消防救援机构根据火灾现场勘验、调查情况和有关的检验、鉴定意见，及时制作火灾事故认定书，作为处理火灾事故的证据。

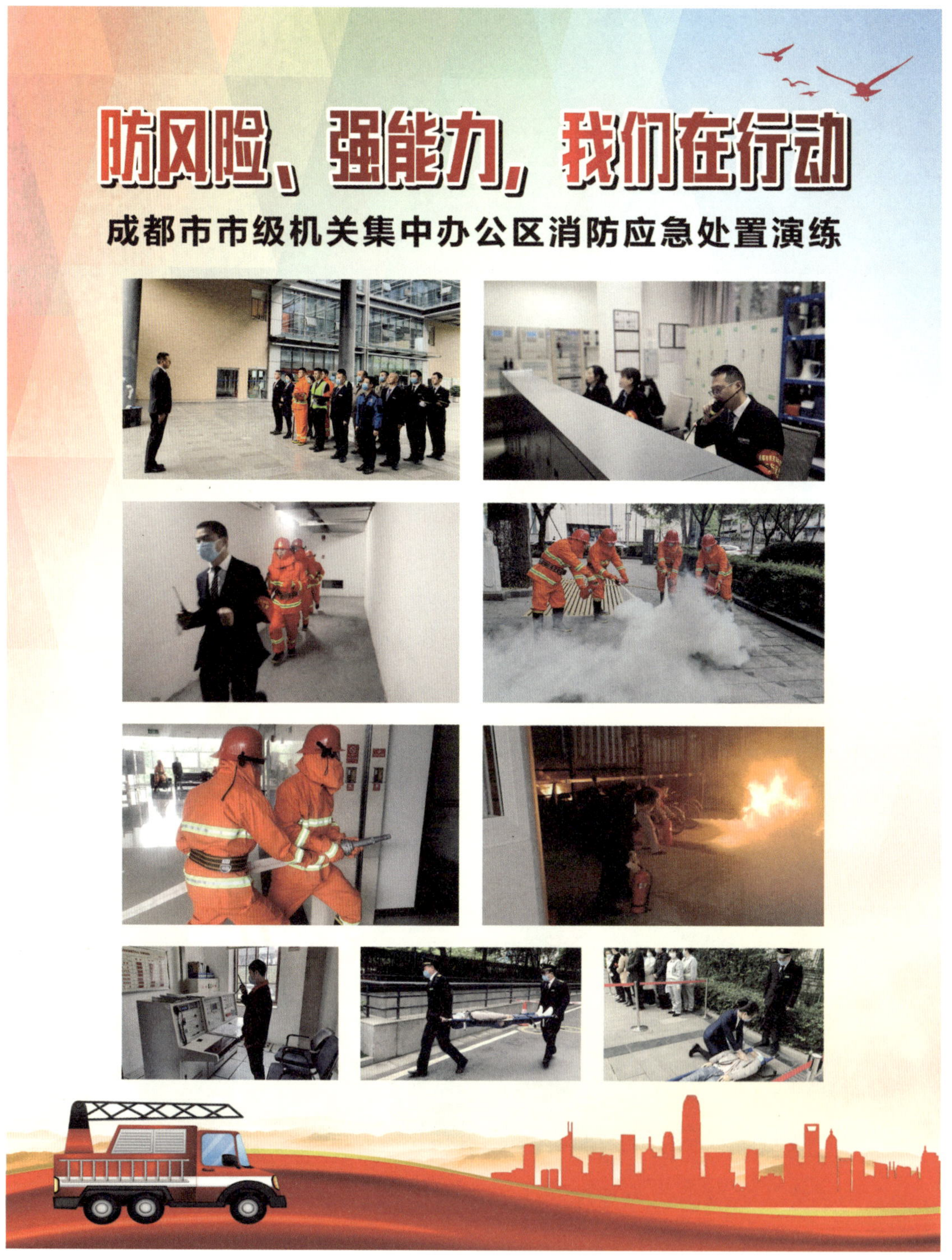
防风险，强能力，我们在行动
成都市市级机关集中办公区消防应急处置演练

第五章 监督检查

第五十二条 地方各级人民政府应当落实消防工作责任制，对本级人民政府有关部门履行消防安全职责的情况进行监督检查。县级以上地方人民政府有关部门应当根据本系统的特点，有针对性地开展消防安全检查，及时督促整改火灾隐患。

第五十三条 消防救援机构应当对机关、团体、企业、事业等单位遵守消防法律、法规的情况依法进行监督检查。公安派出所可以负责日常消防监督检查、开展消防宣传教育，具体办法由国务院公安部门规定。

消防救援机构、公安派出所的工作人员进行消防监督检查，应当出示证件。

第五十四条 消防救援机构在消防监督检查中发现火灾隐患的，应当通知有关单位或者个人立即采取措施消除隐患；不及时消除隐患可能严重威胁公共安全的，消防救援机构应当依照规定对危险部位或者场所采取临时查封措施。

第五十五条 消防救援机构在消防监督检查中发现城乡消防安全布局、公共消防设施不符合消防安全要求，或者发现本地区存在影响公共安全的重大火灾隐患的，应当由应急管理部门书面报告本级人民政府。

接到报告的人民政府应当及时核实情况，组织或者责成有关部门、单位采取措施，予以整改。

……

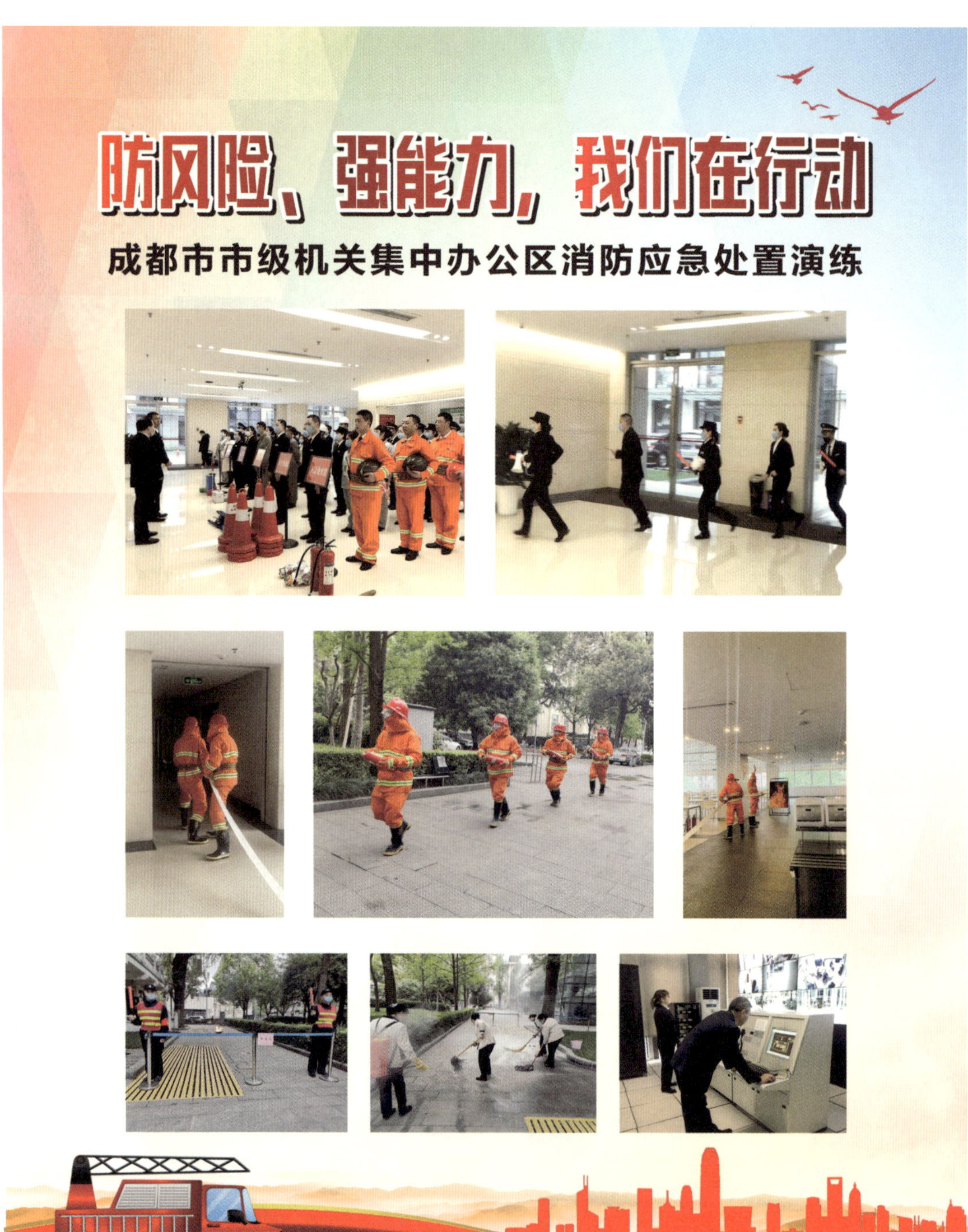
防风险，强能力，我们在行动
成都市市级机关集中办公区消防应急处置演练

第六章 法律责任

第五十八条 违反本法规定，有下列行为之一的，由住房和城乡建设主管部门、消防救援机构按照各自职权责令停止施工、停止使用或者停产停业，并处三万元以上三十万元以下罚款：

（一）依法应当进行消防设计审查的建设工程，未经依法审查或者审查不合格，擅自施工的；

（二）依法应当进行消防验收的建设工程，未经消防验收或者消防验收不合格，擅自投入使用的；

（三）本法第十三条规定的其他建设工程验收后经依法抽查不合格，不停止使用的；

（四）公众聚集场所未经消防安全检查或者经检查不符合消防安全要求，擅自投入使用、营业的。

建设单位未依照本法规定在验收后报住房和城乡建设主管部门备案的，由住房和城乡建设主管部门责令改正，处五千元以下罚款。

第五十九条 违反本法规定，有下列行为之一的，由住房和城乡建设主管部门责令改正或者停止施工，并处一万元以上十万元以下罚款：

（一）建设单位要求建筑设计单位或者建筑施工企业降低消防技术标准设计、施工的；

（二）建筑设计单位不按照消防技术标准强制性要求进行消防设计的；

防风险，强能力，我们在行动
成都市市级机关集中办公区消防应急处置演练

（三）建筑施工企业不按照消防设计文件和消防技术标准施工，降低消防施工质量的；

（四）工程监理单位与建设单位或者建筑施工企业串通，弄虚作假，降低消防施工质量的。

第六十条 单位违反本法规定，有下列行为之一的，责令改正，处五千元以上五万元以下罚款：

（一）消防设施、器材或者消防安全标志的配置、设置不符合国家标准、行业标准，或者未保持完好有效的；

（二）损坏、挪用或者擅自拆除、停用消防设施、器材的；

（三）占用、堵塞、封闭疏散通道、安全出口或者有其他妨碍安全疏散行为的；

（四）埋压、圈占、遮挡消火栓或者占用防火间距的；

（五）占用、堵塞、封闭消防车通道，妨碍消防车通行的；

（六）人员密集场所在门窗上设置影响逃生和灭火救援的障碍物的；

（七）对火灾隐患经消防救援机构通知后不及时采取措施消除的。

个人有前款第二项、第三项、第四项、第五项行为之一的，处警告或者五百元以下罚款。

有本条第一款第三项、第四项、第五项、第六项行为，经责令改正拒不改正的，强制执行，所需费用由违法行为人承担。

……

平安法制篇

法治大讲堂资料
成都市司法局 成都市机关事务

始终绷紧安全生产这根弦

现代化国际化大都市，首先必须是安全的城市。作为西部特大中心城市，成都人流密集，各种活动频繁，安全隐患容易累积，产生不确定风险。全市各级各部门要立即行动起来，按照市委安全生产专题会的要求，认真落实好中央、省市关于安全生产的部署要求，始终绷紧安全生产这根弦，采取更加坚决、更加有力、更加有效的措施，夯实安全生产基础，在安全生产上切实承担起首位城市的责任。

在所有安全中，生命安全最为重要。对特大中心城市的运行和管理来说，安全生产的难度大、要求高、责任重，安全生产工作不能有丝毫懈怠。因此，“加强安全措施确保人民群众生命财产安全”须臾不可放松；“生命重于泰山”“防患于未然”等绝不能只是停留在口头上，必须时时刻刻写在心里，落实于行动。安全生产，责任重于泰山。

安全生产，是一条不可逾越的红线。每一个个体的生命安全获得保障，家庭才能增强幸福感，国家和社会才能更加和谐安康，发展才能更加持续。全市各级党委、政府和有关部门必须牢固树立以人为本、安全发展的理念，始终把人民群众的生命安全放在首位，把“生命高于一切”的理念落实到生产、经营、管理的全过程。

安全生产，是一条坚不可摧的责任线。切实保障人民生命财产安全，是党和政府的责任。各级领导干部要增强危机意识，以对党和人民高度负责的精神，把安全生产工作摆在更加重要的位置，充分吸取近期发生的电梯伤人等安全事故教训，逐级落实安全生产责任制，防范重特大事故的发生。要坚持“关口前移、重心下移”，构筑横向到底、纵向到边的安全防线。要以“法治成都”和“平安成都”建设为统揽，全面落实重大事项社会风险评估制度，持续开展社会矛盾大排查、大调处，确保社会大局稳定可控，为全市经济社会发展营造良好环境。

安全生产，是一条需要全社会合力筑就的安全防线。安全生产是一项复杂的系统工程，涉及众多环节，需要全市各级各部门、各类企业和社会组织、全市人民群众齐心合力、各尽所能、各司其责。全市各级党委、政府和有关部门，要认真落实好中央、省市关于安全生产的部署要求，建立健全安全生产制度体系，加强完善安全监管，加强安全生产宣传，普及安全知识，坚持不懈把安全生产抓细抓实抓好。全市各类企业和社会组织要牢固树立安全生产红线意识和底线思维，确保安全生产不出现断档和空白，不留死角盲区。全市人民群众要切实从我做起，增强群众安全意识和自我保护能力，凝聚最为广泛的安全共识、筑牢安全“防火墙”。

居安思危，思则有备，有备无患。让我们一起同心协力，建设好“平安成都”，努力实现成都科学发展、安全发展。

（《成都日报》2015年8月12日　作者：成都日报评论员）

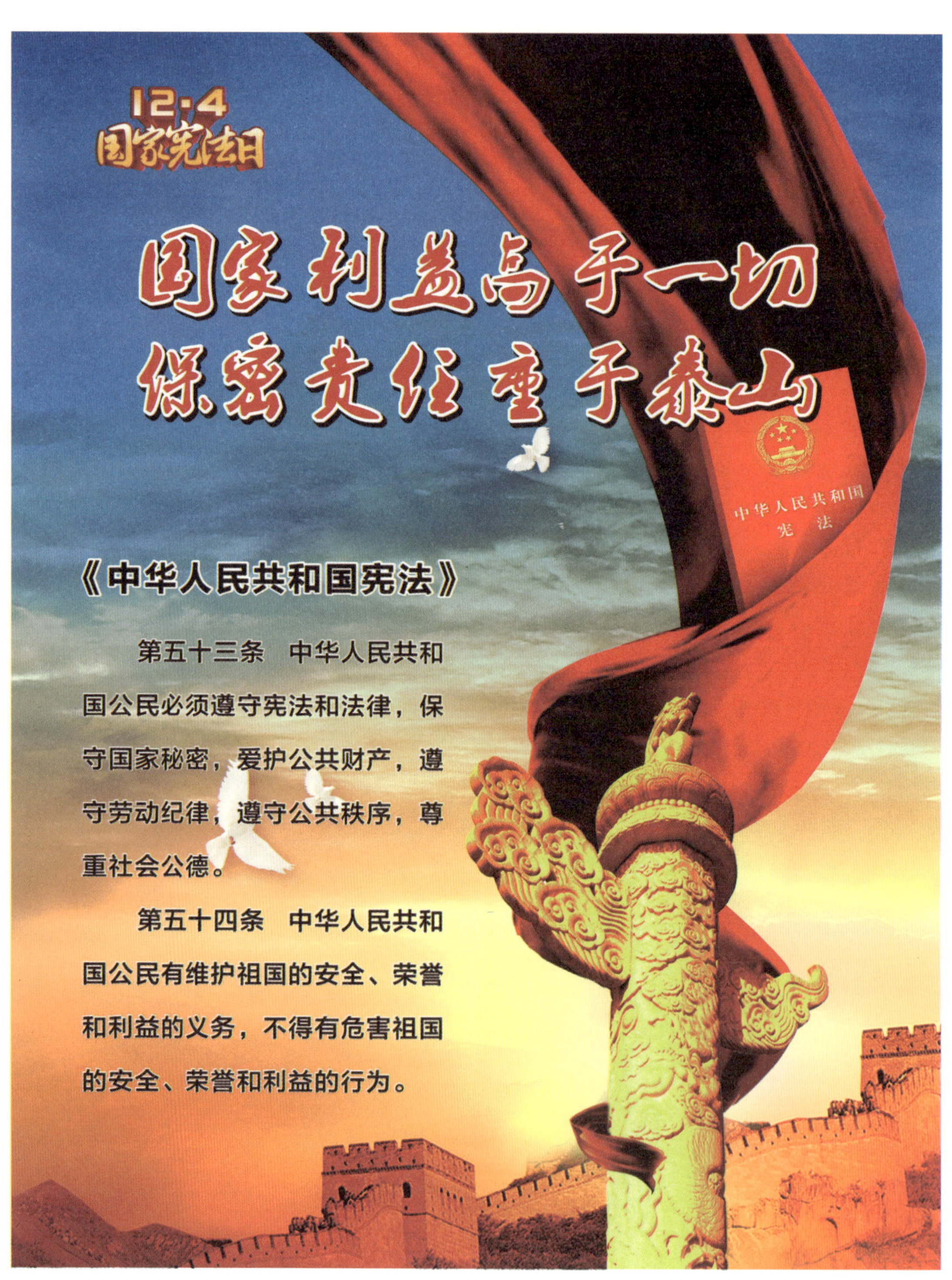
12·4
国家宪法日
国家利益高于一切
保密责任重于泰山
中华人民共和国
宪 法
《中华人民共和国宪法》
第五十三条　中华人民共和国公民必须遵守宪法和法律，保守国家秘密，爱护公共财产，遵守劳动纪律，遵守公共秩序，尊重社会公德。
第五十四条　中华人民共和国公民有维护祖国的安全、荣誉和利益的义务，不得有危害祖国的安全、荣誉和利益的行为。

中华人民共和国保守国家秘密法实施条例（2014）（节选）

第二章 国家秘密的范围和密级

第八条 国家秘密及其密级的具体范围(以下称保密事项范围)应当明确规定国家秘密具体事项的名称、密级、保密期限、知悉范围。

保密事项范围应当根据情况变化及时调整。制定、修订保密事项范围应当充分论证，听取有关机关、单位和相关领域专家的意见。

第九条 机关、单位负责人为本机关、本单位的定密责任人，根据工作需要，可以指定其他人员为定密责任人。

专门负责定密的工作人员应当接受定密培训，熟悉定密职责和保密事项范围，掌握定密程序和方法。

第十条 定密责任人在职责范围内承担有关国家秘密确定、变更和解除工作。具体职责是:

（一）审核批准本机关、本单位产生的国家秘密的密级、保密期限和知悉范围；

（二）对本机关、本单位产生的尚在保密期限内的国家秘密进行审核，作出是否变更或者解除的决定；

（三）对是否属于国家秘密和属于何种密级不明确的事项先行拟定密级，并按照规定的程序报保密行政管理部门确定。

12·4
国家宪法日
保密警钟应长鸣
党纪国法牢记心
中国共产党
纪律处分条例
《中国共产党纪律处分条例》
第一百二十八条　泄露、扩散或者打探、窃取党组织关于干部选拔任用、纪律审查、巡视巡察等尚未公开事项或者其他应当保密的内容的，给予警告或者严重警告处分；情节较重的，给予撤销党内职务或者留党察看处分；情节严重的，给予开除党籍处分。

第十一条 中央国家机关、省级机关以及设区的市、自治州级机关可以根据保密工作需要或者有关机关、单位的申请，在国家保密行政管理部门规定的定密权限、授权范围内作出定密授权。

定密授权应当以书面形式作出。授权机关应当对被授权机关、单位履行定密授权的情况进行监督。

中央国家机关、省级机关作出的授权，报国家保密行政管理部门备案；设区的市、自治州级机关作出的授权，报省、自治区、直辖市保密行政管理部门备案。

第十二条 机关、单位应当在国家秘密产生的同时，由承办人依据有关保密事项范围拟定密级、保密期限和知悉范围，报定密责任人审核批准，并采取相应保密措施。

第十三条 机关、单位对所产生的国家秘密，应当按照保密事项范围的规定确定具体的保密期限；保密事项范围没有规定具体保密期限的，可以根据工作需要，在保密法规定的保密期限内确定；不能确定保密期限的，应当确定解密条件。

国家秘密的保密期限，自标明的制发日起计算；不能标明制发日的，确定该国家秘密的机关、单位应当书面通知知悉范围内的机关、单位和人员，保密期限自通知之日起计算。

第十四条 机关、单位应当按照保密法的规定，严格限定国家秘密的知悉范围，对知悉机密级以上国家秘密的人员，应当作出书面记录。

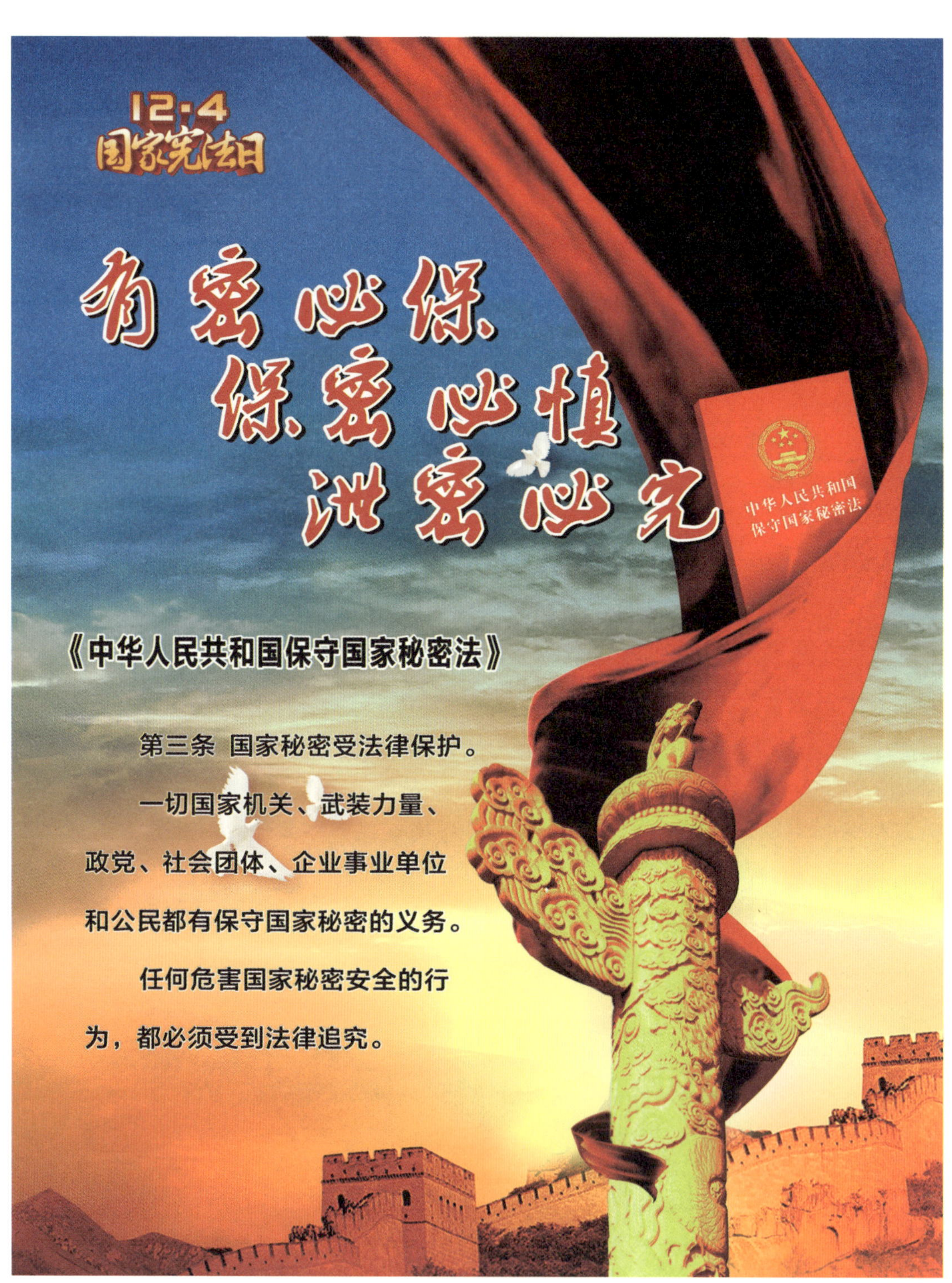
12·4
国家宪法日
有密必保
保密必慎
泄密必究
中华人民共和国
保守国家秘密法
《中华人民共和国保守国家秘密法》
第三条 国家秘密受法律保护。
一切国家机关、武装力量、政党、社会团体、企业事业单位和公民都有保守国家秘密的义务。
任何危害国家秘密安全的行为，都必须受到法律追究。

第十五条 国家秘密载体以及属于国家秘密的设备、产品的明显部位应当标注国家秘密标志。国家秘密标志应当标注密级和保密期限。国家秘密的密级和保密期限发生变更的，应当及时对原国家秘密标志作出变更。无法标注国家秘密标志的，确定该国家秘密的机关、单位应当书面通知知悉范围内的机关、单位和人员。

第十六条 机关、单位对所产生的国家秘密，认为符合保密法有关解密或者延长保密期限规定的，应当及时解密或者延长保密期限。机关、单位对不属于本机关、本单位产生的国家秘密，认为符合保密法有关解密或者延长保密期限规定的，可以向原定密机关、单位或者其上级机关、单位提出建议。已经依法移交各级国家档案馆的属于国家秘密的档案，由原定密机关、单位按照国家有关规定进行解密审核。

第十七条 机关、单位被撤销或者合并的，该机关、单位所确定国家秘密的变更和解除，由承担其职能的机关、单位负责，也可以由其上级机关、单位或者保密行政管理部门指定的机关、单位负责。

第十八条 机关、单位发现本机关、本单位国家秘密的确定、变更和解除不当的，应当及时纠正；上级机关、单位发现下级机关、单位国家秘密的确定、变更和解除不当的，应当及时通知其纠正，也可以直接纠正。

依法保守国家秘密

维护国家安全利益

国家安全·高于一切

保密战线历来是必争、必守、必保之重地。

做好保密工作，关系国家治理体系和治理能力现代化的实现，关系综合国力和核心竞争力的提升，关系党和国家事业的成败安危和永续发展。

第十九条 机关、单位对符合保密法的规定，但保密事项范围没有规定的不明确事项，应当先行拟定密级、保密期限和知悉范围，采取相应的保密措施，并自拟定之日起10日内报有关部门确定。拟定为绝密级的事项和中央国家机关拟定的机密级、秘密级的事项，报国家保密行政管理部门确定；其他机关、单位拟定的机密级、秘密级的事项，报省、自治区、直辖市保密行政管理部门确定。

保密行政管理部门接到报告后，应当在10日内作出决定。省、自治区、直辖市保密行政管理部门还应当将所作决定及时报国家保密行政管理部门备案。

第二十条 机关、单位对已定密事项是否属于国家秘密或者属于何种密级有不同意见的，可以向原定密机关、单位提出异议，由原定密机关、单位作出决定。

机关、单位对原定密机关、单位未予处理或者对作出的决定仍有异议的，按照下列规定办理：

（一）确定为绝密级的事项和中央国家机关确定的机密级、秘密级的事项，报国家保密行政管理部门确定。

（二）其他机关、单位确定的机密级、秘密级的事项，报省、自治区、直辖市保密行政管理部门确定；对省、自治区、直辖市保密行政管理部门作出的决定有异议的，可以报国家保密行政管理部门确定。在原定密机关、单位或者保密行政管理部门作出决定前，对有关事项应当按照主张密级中的最高密级采取相应的保密措施。

依法保守国家秘密
维护国家安全利益

树立全民国家安全观念

2017年10月，习近平总书记在中国共产党第十九次全国代表大会上指出：“坚持总体国家安全观。统筹发展和安全，增强忧患意识，做到居安思危，是我们党治国理政的一个重大原则。必须坚持国家利益至上，以人民安全为宗旨，以政治安全为根本，统筹外部安全和内部安全、国土安全和国民安全、传统安全和非传统安全、自身安全和共同安全，完善国家安全制度体系，加强国家安全能力建设，坚决维护国家主权、安全、发展利益。”

第三章 保密制度

第二十一条　国家秘密载体管理应当遵守下列规定：

（一）制作国家秘密载体，应当由机关、单位或者经保密行政管理部门保密审查合格的单位承担，制作场所应当符合保密要求。

（二）收发国家秘密载体，应当履行清点、编号、登记、签收手续。

（三）传递国家秘密载体，应当通过机要交通、机要通信或者其他符合保密要求的方式进行。

（四）复制国家秘密载体或者摘录、引用、汇编属于国家秘密的内容，应当按照规定报批，不得擅自改变原件的密级、保密期限和知悉范围，复制件应当加盖复制机关、单位戳记，并视同原件进行管理。

（五）保存国家秘密载体的场所、设施、设备，应当符合国家保密要求。

（六）维修国家秘密载体，应当由本机关、本单位专门技术人员负责。确需外单位人员维修的，应当由本机关、本单位的人员现场监督；确需在本机关、本单位以外维修的，应当符合国家保密规定。

（七）携带国家秘密载体外出，应当符合国家保密规定，并采取可靠的保密措施；携带国家秘密载体出境的，应当按照国家保密规定办理批准和携带手续。

第二十二条　销毁国家秘密载体应当符合国家保密规定和标准，确保销毁的国家秘密信息无法还原。

依法保守国家秘密
维护国家安全利益

牢记保密违法违规行为

- 非法获取、持有国家秘密载体；
- 买卖、转送或者私自销毁国家秘密载体；
- 通过普通邮政、快递等无保密措施的渠道传递国家秘密载体；
- 将涉密计算机、涉密存储设备接入互联网及其他公共信息网络；
- 使用非涉密计算机、非涉密存储设备存储、处理国家秘密信息；
- 将未经安全技术处理的退出使用的涉密计算机、涉密存储设备赠送、出售、丢弃或者改作其他用途。

销毁国家秘密载体应当履行清点、登记、审批手续，并送交保密行政管理部门设立的销毁工作机构或者保密行政管理部门指定的单位销毁。机关、单位确因工作需要，自行销毁少量国家秘密载体的，应当使用符合国家保密标准的销毁设备和方法。

第二十三条 涉密信息系统按照涉密程度分为绝密级、机密级、秘密级。机关、单位应当根据涉密信息系统存储、处理信息的最高密级确定系统的密级，按照分级保护要求采取相应的安全保密防护措施。

第二十四条 涉密信息系统应当由国家保密行政管理部门设立或者授权的保密测评机构进行检测评估，并经设区的市、自治州级以上保密行政管理部门审查合格，方可投入使用。

公安、国家安全机关的涉密信息系统投入使用的管理办法，由国家保密行政管理部门会同国务院公安、国家安全部门另行规定。

第二十五条 机关、单位应当加强涉密信息系统的运行使用管理，指定专门机构或者人员负责运行维护、安全保密管理和安全审计，定期开展安全保密检查和风险评估。

涉密信息系统的密级、主要业务应用、使用范围和使用环境等发生变化或者涉密信息系统不再使用的，应当按照国家保密规定及时向保密行政管理部门报告，并采取相应措施。

依法保守国家秘密
维护国家安全利益

提升保密安全防范意识

1. 防文件丢失泄密
2. 防网络发帖泄密
3. 防主动卖密泄密
4. 防盗抢泄密
5. 防对外交流泄密
6. 防废旧物品泄密
7. 防新闻报道泄密
8. 防智能设备失泄密

第二十六条 机关、单位采购涉及国家秘密的工程、货物和服务的，应当根据国家保密规定确定密级，并符合国家保密规定和标准。机关、单位应当对提供工程、货物和服务的单位提出保密管理要求，并与其签订保密协议。

政府采购监督管理部门、保密行政管理部门应当依法加强对涉及国家秘密的工程、货物和服务采购的监督管理。

第二十七条 举办会议或者其他活动涉及国家秘密的，主办单位应当采取下列保密措施：

（一）根据会议、活动的内容确定密级，制定保密方案，限定参加人员范围；

（二）使用符合国家保密规定和标准的场所、设施、设备；

（三）按照国家保密规定管理国家秘密载体；

（四）对参加人员提出具体保密要求。

第二十八条 企业事业单位从事国家秘密载体制作、复制、维修、销毁，涉密信息系统集成或者武器装备科研生产等涉及国家秘密的业务（以下简称涉密业务），应当由保密行政管理部门或者保密行政管理部门会同有关部门进行保密审查。保密审查不合格的，不得从事涉密业务。

……

第三十条 涉密人员的分类管理、任（聘）用审查、脱密期管理、权益保障等具体办法，由国家保密行政管理部门会同国务院有关主管部门制定。

依法保守国家秘密
维护国家安全利益

国家安全·高于一切

保密战线历来是必争、必守、必保之重地。

做好保密工作，关系国家治理体系和治理能力现代化的实现，关系综合国力和核心竞争力的提升，关系党和国家事业的成败安危和永续发展。

第四章 监督管理

第三十一条 机关、单位应当向同级保密行政管理部门报送本机关、本单位年度保密工作情况。下级保密行政管理部门应当向上级保密行政管理部门报送本行政区域年度保密工作情况。

第三十二条 保密行政管理部门依法对机关、单位执行保密法律法规的下列情况进行检查：

（一）保密工作责任制落实情况；

（二）保密制度建设情况；

（三）保密宣传教育培训情况；

（四）涉密人员管理情况；

（五）国家秘密确定、变更和解除情况；

（六）国家秘密载体管理情况；

（七）信息系统和信息设备保密管理情况；

（八）互联网使用保密管理情况；

（九）保密技术防护设施设备配备使用情况；

（十）涉密场所及保密要害部门、部位管理情况；

（十一）涉密会议、活动管理情况；

（十二）信息公开保密审查情况。

依法保守国家秘密
维护国家安全利益

树立全民国家安全观念

2017年10月，习近平总书记在中国共产党第十九次全国代表大会上指出：“坚持总体国家安全观。统筹发展和安全，增强忧患意识，做到居安思危，是我们党治国理政的一个重大原则。必须坚持国家利益至上，以人民安全为宗旨，以政治安全为根本，统筹外部安全和内部安全、国土安全和国民安全、传统安全和非传统安全、自身安全和共同安全，完善国家安全制度体系，加强国家安全能力建设，坚决维护国家主权、安全、发展利益。”

第三十三条 保密行政管理部门在保密检查过程中，发现有泄密隐患的，可以查阅有关材料、询问人员、记录情况；对有关设施、设备、文件资料等可以依法先行登记保存，必要时进行保密技术检测。有关机关、单位及其工作人员对保密检查应当予以配合。

保密行政管理部门实施检查后，应当出具检查意见，对需要整改的，应当明确整改内容和期限。

第三十四条 机关、单位发现国家秘密已经泄露或者可能泄露的，应当立即采取补救措施，并在24小时内向同级保密行政管理部门和上级主管部门报告。

地方各级保密行政管理部门接到泄密报告的，应当在24小时内逐级报至国家保密行政管理部门。

第三十五条 保密行政管理部门对公民举报、机关和单位报告、保密检查发现、有关部门移送的涉嫌泄露国家秘密的线索和案件，应当依法及时调查或者组织、督促有关机关、单位调查处理。调查工作结束后，认为有违反保密法律法规的事实，需要追究责任的，保密行政管理部门可以向有关机关、单位提出处理建议。有关机关、单位应当及时将处理结果书面告知同级保密行政管理部门。

第三十六条 保密行政管理部门收缴非法获取、持有的国家秘密载体，应当进行登记并出具清单，查清密级、数量、来源、扩散范围等，并采取相应的保密措施。

依法保守国家秘密
维护国家安全利益

牢记保密违法违规行为

- 非法获取、持有国家秘密载体；
- 买卖、转送或者私自销毁国家秘密载体；
- 通过普通邮政、快递等无保密措施的渠道传递国家秘密载体；
- 将涉密计算机、涉密存储设备接入互联网及其他公共信息网络；
- 使用非涉密计算机、非涉密存储设备存储、处理国家秘密信息；
- 将未经安全技术处理的退出使用的涉密计算机、涉密存储设备赠送、出售、丢弃或者改作其他用途。

保密行政管理部门可以提请公安、工商行政管理等有关部门协助收缴非法获取、持有的国家秘密载体，有关部门应当予以配合。

第三十七条 国家保密行政管理部门或者省、自治区、直辖市保密行政管理部门应当依据保密法律法规和保密事项范围，对办理涉嫌泄露国家秘密案件的机关提出鉴定的事项是否属于国家秘密、属于何种密级作出鉴定。

保密行政管理部门受理鉴定申请后，应当自受理之日起30日内出具鉴定结论；不能按期出具鉴定结论的，经保密行政管理部门负责人批准，可以延长30日。

第三十八条 保密行政管理部门及其工作人员应当按照法定的职权和程序开展保密审查、保密检查和泄露国家秘密案件查处工作，做到科学、公正、严格、高效，不得利用职权谋取利益。

4.15
全民国家安全教育日
保密法治宣传
依法保守国家秘密
维护国家安全利益
机密
全民国家
安全教育日
提升保密安全防范意识
1 防文件丢失泄密
2 防网络发帖泄密
3 防主动卖密泄密
4 防盗抢泄密
5 防对外交流泄密
6 防废旧物品泄密
7 防新闻报道泄密
8 防智能设备失泄密

第五章 法律责任

第三十九条 机关、单位发生泄露国家秘密案件不按照规定报告或者未采取补救措施的，对直接负责的主管人员和其他直接责任人员依法给予处分。

第四十条 在保密检查或者泄露国家秘密案件查处中，有关机关、单位及其工作人员拒不配合，弄虚作假，隐匿、销毁证据，或者以其他方式逃避、妨碍保密检查或者泄露国家秘密案件查处的，对直接负责的主管人员和其他直接责任人员依法给予处分。

企业事业单位及其工作人员协助机关、单位逃避、妨碍保密检查或者泄露国家秘密案件查处的，由有关主管部门依法予以处罚。

第四十一条 经保密审查合格的企业事业单位违反保密管理规定的，由保密行政管理部门责令限期整改，逾期不改或者整改后仍不符合要求的，暂停涉密业务；情节严重的，停止涉密业务。

第四十二条 涉密信息系统未按照规定进行检测评估和审查而投入使用的，由保密行政管理部门责令改正，并建议有关机关、单位对直接负责的主管人员和其他直接责任人员依法给予处分。

第四十三条 机关、单位委托未经保密审查的单位从事涉密业务的，由有关机关、单位对直接负责的主管人员和其他直接责任人员依法给予处分。

未经保密审查的单位从事涉密业务的，由保密行政管理部门责令停止违法行为；有违法所得的，由工商行政管理部门没收违法所得。

……

国际减灾日
10.13
10.13
国际减灾日
减少灾害损失
创造美好生活
安全机关
创建特色
应急联动
物资储备
掌握技能
提高意识
科普宣教
应急演练
做好预案
风险排查

自然灾害的预防措施（节选）

我国自然灾害频发、分布广、损失大，是世界上自然灾害最为严重的国家之一。20世纪的观测事实已表明，气候变化引起的极端天气气候事件（厄尔尼诺、干旱、洪涝、雷暴、冰雹、风暴、高温天气和沙尘暴等）出现频率与强度明显上升，直接危及我国的国民经济发展。据统计，我国每年因各种天气气候灾害使农田受灾面积达3400万公倾（5亿多亩），受干旱、暴雨、洪涝和热带风暴等重大灾害影响的人口约达6亿人次，平均每年因受天气气候灾害造成的经济损失约占GDP的3%~6%。随着我国经济的快速增长，天气气候灾害造成损失的绝对值越来越大。考虑到天气气候灾害引发的生态、环境、地质、社会、人文、经济等继发性灾害，则经济损失更为严重。世界气象组织把今年的"世界气象日"主题定为"预防和减轻自然灾害"对我国具有非常重要的现实意义。在长期与自然共存的实践中，社会各界、从事防灾减灾研究、业务、管理人员形成了许多行之有效的预防和减轻自然灾害的措施。

战略措施1：制订预案，常备不懈

通过在国家、省、市、区以及企事业单位、社区、学校等制订与演练应急预案，形成预防和减轻自然灾害有条不紊、有备无患的局面。应急预案应包括对自然灾害的应急组织体系及职责、预测预警、信息报告、应急响应、应急处置、应急保障、调查评估等机制，形成包含事前、事发、事中、事后等各环节的一整套工作运行机制。

不能将预案束之高阁，要通过培训和预案演练使广大群众、灾害管理人员熟练掌握预案，并在实践中不断完善预案。

10.13
国际减灾日
推进风险排查
建设安全机关
暴雨 极端天气
内涝 地震 火灾 台风

居安思危，预防为主。要增强忧患意识，常抓不懈，防患于未然。坚持预防与应急相结合，常态与非常态相结合。政府应鼓励社区制定紧急防灾预案、开展救灾演练、装备专门的通讯设备在紧急条件下替代常用的通讯方式，并保证必要的紧急储备物资和设施。积极做好装备、技术、人员等方面的应急准备。

战略措施2：以人为本，避灾减灾

以人为本，把保障公众生命财产安全作为防灾减灾的首要任务，最大程度地减少自然灾害造成的人员伤亡和对社会经济发展的危害。

面对自然灾害，科学防御，从早期盲目的抗灾到近年来主动地避灾，体现了在防灾减灾中的科学发展观。

战略措施3：监测预警，依靠科技

在防灾减灾中坚持“预防为主”的基本原则，把灾害的监测预报预警放到十分突出的位置，并高度重视和做好面向全社会，包括社会弱势群体的预警信息发布。

气象灾害是可以有较长预警时效、较高预测预报准确率的一类突发公共事件，加强灾害性天气的短时、临近预报，加强突发气象灾害预警信号制作工作，加强气象预警信息发布工作，是提高防灾减灾水平的重要科技保障。

要依靠科技，提高防灾减灾的综合素质。通过加强防灾减灾领域的科学研究与技术开发，采用与推广先进的监测、预测、预警、预防和应急处置技术及设施，并充分发挥专家队伍和专业人员的作用，提高应对自然灾害的科技水平。

10.13
国际减灾日
10.13
国际减灾日
减少灾害损失，创造美好生活

2005年台风防御工作实践充分体现了现代化气象科技在防台抗台中的重要作用。新一代天气雷达和自动气象站、移动气象台，以及气象卫星等现代化探测手段，提高了对台风的最新动态进行实时监测的能力；数值预报产品，为准确预报台风未来的路径提供了参考依据，使预报员对台风等灾害性天气的预报更有信心、更有把握，为准确超前的预报提供了科学依据；骨干预报员在台风预报服务中发挥重要作用。

战略措施4：防灾意识，全民普及

社会公众是防灾的主体。增强忧患意识，防患于未然，防灾减灾需要广大社会公众广泛增强防灾意识、了解与掌握避灾知识。

在自然灾害发生时，普通群众能够知道如何处置灾害情况，如何保护自己，帮助他人。

政府与社会团体应组织和宣传灾害知识，培训灾害专业人员或志愿者。有关部门通过图书、报刊、音像制品和电子出版物、广播、电视、网络等，广泛宣传预防、避险、自救、互救、减灾等常识，增强公众的忧患意识、社会责任意识和自救、互救能力。

……

战略措施5：应急机制，快速响应

政府、相关部门需要建立“统一指挥、反应灵敏、功能齐全、协调有序、运转高效”的应急管理机制。“快速响应、协同应对”是应急机制的核心。

……

12.4
国家宪法日

宣传贯彻密码法 维护保障国家安全

密码是党和国家的"命门""命脉"，是国家重要战略资源。密码工作是党和国家的一项特殊重要工作，直接关系国家政治安全、经济安全、国防安全和信息安全。

《中华人民共和国密码法》

第二条 本法所称密码，是指采用特定变换的方法对信息等进行加密保护、安全认证的技术、产品和服务。

第三条 密码工作坚持总体国家安全观，遵循统一领导、分级负责，创新发展、服务大局，依法管理、保障安全的原则。

中华人民共和国监察法（2018）（节选）

第四章 监察权限

第十八条 监察机关行使监督、调查职权，有权依法向有关单位和个人了解情况，收集、调取证据。有关单位和个人应当如实提供。

监察机关及其工作人员对监督、调查过程中知悉的国家秘密、商业秘密、个人隐私，应当保密。

任何单位和个人不得伪造、隐匿或者毁灭证据。

第十九条 对可能发生职务违法的监察对象，监察机关按照管理权限，可以直接或者委托有关机关、人员进行谈话或者要求说明情况。

第二十条 在调查过程中，对涉嫌职务违法的被调查人，监察机关可以要求其就涉嫌违法行为作出陈述，必要时向被调查人出具书面通知。

对涉嫌贪污贿赂、失职渎职等职务犯罪的被调查人，监察机关可以进行讯问，要求其如实供述涉嫌犯罪的情况。

第二十一条 在调查过程中，监察机关可以询问证人等人员。

第二十二条 被调查人涉嫌贪污贿赂、失职渎职等严重职务违法或者职务犯罪，监察机关已经掌握其部分违法犯罪事实及证据，仍有重要问题需要进一步调查，并有下列情形之一的，经监察机关依法审批，可以将其留置在特定场所：

（一）涉及案情重大、复杂的；

（二）可能逃跑、自杀的；

（三）可能串供或者伪造、隐匿、毁灭证据的；

12.4
国家宪法日
宣传贯彻密码法
维护保障国家安全
密码是目前世界上公认的，保障网络与信息安全最有效、最可靠、最经济的关键核心技术。推动构建以密码技术为核心、多种技术交叉融合的网络空间新安全体制，努力做到党和国家战略推进到哪里，密码就保障到哪里。
《中华人民共和国密码法》
第六条 国家对密码实行分类管理。
密码分为核心密码、普通密码和商用密码。
第七条 核心密码、普通密码用于保护国家秘密信息，核心密码保护信息的最高密级为绝密级，普通密码保护信息的最高密级为机密级。
核心密码、普通密码属于国家秘密。密码管理部门依照本法和有关法律、行政法规、国家有关规定对核心密码、普通密码实行严格统一管理。

（四）可能有其他妨碍调查行为的。

对涉嫌行贿犯罪或者共同职务犯罪的涉案人员，监察机关可以依照前款规定采取留置措施。

留置场所的设置、管理和监督依照国家有关规定执行。

第二十三条 监察机关调查涉嫌贪污贿赂、失职渎职等严重职务违法或者职务犯罪，根据工作需要，可以依照规定查询、冻结涉案单位和个人的存款、汇款、债券、股票、基金份额等财产。有关单位和个人应当配合。

冻结的财产经查明与案件无关的，应当在查明后三日内解除冻结，予以退还。

第二十四条 监察机关可以对涉嫌职务犯罪的被调查人以及可能隐藏被调查人或者犯罪证据的人的身体、物品、住处和其他有关地方进行搜查。在搜查时，应当出示搜查证，并有被搜查人或者其家属等见证人在场。

搜查女性身体，应当由女性工作人员进行。

监察机关进行搜查时，可以根据工作需要提请公安机关配合。公安机关应当依法予以协助。

第二十五条 监察机关在调查过程中，可以调取、查封、扣押用以证明被调查人涉嫌违法犯罪的财物、文件和电子数据等信息。采取调取、查封、扣押措施，应当收集原物原件，会同持有人或者保管人、见证人，当面逐一拍照、登记、编号，开列清单，由在场人员当场核对、签名，并将清单副本交财物、文件的持有人或者保管人。

12.4
国家宪法日

宣传贯彻密码法
维护保障国家安全

密码工作是我们党对敌斗争的重要战场，是保证国家安全和根本利益的重要防线，是党中央、国务院、中央军委实施领导指挥的重要渠道，直接关系国家政治安全、经济安全、国防安全和信息安全。

《中华人民共和国密码法》

第十九条　密码管理部门因工作需要，按照国家有关规定，可以提请公安、交通运输、海关等部门对核心密码、普通密码有关物品和人员提供免检等便利，有关部门应当予以协助。

第二十条　密码管理部门和密码工作机构应当建立健全严格的监督和安全审查制度，对其工作人员遵守法律和纪律等情况进行监督，并依法采取必要措施，定期或者不定期组织开展安全审查。

对调取、查封、扣押的财物、文件，监察机关应当设立专用账户、专门场所，确定专门人员妥善保管，严格履行交接、调取手续，定期对账核实，不得毁损或者用于其他目的。对价值不明物品应当及时鉴定，专门封存保管。

查封、扣押的财物、文件经查明与案件无关的，应当在查明后三日内解除查封、扣押，予以退还。

第二十六条 监察机关在调查过程中，可以直接或者指派、聘请具有专门知识、资格的人员在调查人员主持下进行勘验检查。勘验检查情况应当制作笔录，由参加勘验检查的人员和见证人签名或者盖章。

第二十七条 监察机关在调查过程中，对于案件中的专门性问题，可以指派、聘请有专门知识的人进行鉴定。鉴定人进行鉴定后，应当出具鉴定意见，并且签名。

第二十八条 监察机关调查涉嫌重大贪污贿赂等职务犯罪，根据需要，经过严格的批准手续，可以采取技术调查措施，按照规定交有关机关执行。

批准决定应当明确采取技术调查措施的种类和适用对象，自签发之日起三个月以内有效；对于复杂、疑难案件，期限届满仍有必要继续采取技术调查措施的，经过批准，有效期可以延长，每次不得超过三个月。对于不需要继续采取技术调查措施的，应当及时解除。

12.4
国家宪法日

宣传贯彻密码法 维护保障国家安全

密码法依法确立了促进密码事业发展的一系列制度措施，努力为密码科技创新、产业发展和应用推广营造良好环境。

《中华人民共和国密码法》

第二十一条 国家鼓励商用密码技术的研究开发、学术交流、成果转化和推广应用，健全统一、开放、竞争、有序的商用密码市场体系，鼓励和促进商用密码产业发展。

第二十九条 依法应当留置的被调查人如果在逃，监察机关可以决定在本行政区域内通缉，由公安机关发布通缉令，追捕归案。通缉范围超出本行政区域的，应当报请有权决定的上级监察机关决定。

第三十条 监察机关为防止被调查人及相关人员逃匿境外，经省级以上监察机关批准，可以对被调查人及相关人员采取限制出境措施，由公安机关依法执行。对于不需要继续采取限制出境措施的，应当及时解除。

第三十一条 涉嫌职务犯罪的被调查人主动认罪认罚，有下列情形之一的，监察机关经领导人员集体研究，并报上一级监察机关批准，可以在移送人民检察院时提出从宽处罚的建议：

（一）自动投案，真诚悔罪悔过的；

（二）积极配合调查工作，如实供述监察机关还未掌握的违法犯罪行为的；

（三）积极退赃，减少损失的；

（四）具有重大立功表现或者案件涉及国家重大利益等情形的。

第三十二条 职务违法犯罪的涉案人员揭发有关被调查人职务违法犯罪行为，查证属实的，或者提供重要线索，有助于调查其他案件的，监察机关经领导人员集体研究，并报上一级监察机关批准，可以在移送人民检察院时提出从宽处罚的建议。

治安维稳

中国共产党成都市委员会

让“安全第一”更加深入人心

无论政府、企业还是个人，都应始终葆有安全意识、担负起应有的责任，共同守护好安全的环境。

进一步加强法规制度的落细落实，让排查风险更深入、预警机制更灵敏、监管执法更有力，以“万无一失”防止“一失万无”。

平安是最基本的公共产品，“安全第一”是最广泛的社会共识。习近平总书记强调：“人命关天，发展决不能以牺牲人的生命为代价。这必须作为一条不可逾越的红线。”安全生产关乎人民福祉、事关经济社会发展大局，只有时刻绷紧安全这根弦，不断强化责任落实、筑牢制度堤坝、织密防护网络，才能防患于未然、守护好生命安全。

最近一段时间，接连发生的安全事故，为人们一再敲响警钟。一些特大安全事故，往往带有突发性、意外性、复杂性的特点，看似防不胜防、难以避免，实则萌生于日常被忽视的隐患、潜藏于不负责任的细节。有数据显示，90%以上森林草原火灾是由上坟烧纸、吸烟、烧秸秆以及燃放烟花爆竹等人为原因引发的；一些专家在分析170万宗事故后认为，由于人为因素或不安全动作与行为导致的事故，占了88%。可以说，人为疏忽与安全思想麻痹是最大的隐患，而隐患往往最终酿成事故。因此，社会方方面面，不管面对的是生产流程还是生活空间，都应始终葆有安全意识、担负起应有的责任，共同守护好安全的环境。

一人负责一处安全，众人把关稳如磐石。抓好安全问题，关键还得依靠制度，以厘清各方责任、形成工作合力。破解安全生产难题，离不开依法治理与制度建设，需要充分运用法治思维和法治手段。事实上，补齐安全短板的过程，就是在推动安全生产责任制度化、法治化。

党的十八大以来，《中共中央国务院关于推进安全生产领域改革发展的意见》出台，我国安全生产法律法规体系不断完善，涵盖11部专项法律、3部司法解释、20余部国家行政法规、30余部地方性法规、100余部部门规章、近400部安全行业标准。我们的安全底线越来越高，责任体系越来越密，法治手段越来越硬。在此基础上，进一步加强法规制度的落细落实，让排查风险更深入、预警机制更灵敏、监管执法更有力，以“万无一失”防止“一失万无”。

近年来，随着应急管理体系的健全完善，全社会的应急反应能力和处置水平都有了显著提升，有效减少了事故损失。同时，一些地方出现的问题，也警示我们要举一反三、亡羊补牢。要加强预防工作，更有效地进行安全隐患排查，盯紧安全链条的薄弱环节进行整改，要更精准地识别灾情，救早、救小，进一步提升专业救援能力。

安全生产必须警钟长鸣、常抓不懈，容不得丝毫放松。近年来，经过共同努力，我国安全生产形势持续稳定好转。面对安全生产的责任要求，任何时候都不能麻痹大意。牢固树立安全发展理念，始终把人民群众生命安全放在第一位，将责任扛在肩上，为安全生产架设“防火墙”，我们就能守护好美丽家园，不断增强群众的获得感、幸福感和安全感。

（《人民日报》2019年4月9日 05 版 作者：李洪兴）

坚决防止危害国家安全重大事件和群体性事件
坚决防止重特大治安刑事案件和暴力恐怖事件
平安成都
铁拳行动

中华人民共和国治安管理处罚法（2012修正）（节选）

第二章 处罚的种类和适用

第十条 治安管理处罚的种类分为：

（一）警告；

（二）罚款；

（三）行政拘留；

（四）吊销公安机关发放的许可证。

对违反治安管理的外国人，可以附加适用限期出境或者驱逐出境。

第十一条 办理治安案件所查获的毒品、淫秽物品等违禁品，赌具、赌资，吸食、注射毒品的用具以及直接用于实施违反治安管理行为的本人所有的工具，应当收缴，按照规定处理。

违反治安管理所得的财物，追缴退还被侵害人；没有被侵害人的，登记造册，公开拍卖或者按照国家有关规定处理，所得款项上缴国库。

第十二条 已满十四周岁不满十八周岁的人违反治安管理的，从轻或者减轻处罚；不满十四周岁的人违反治安管理的，不予处罚，但是应当责令其监护人严加管教。

第十三条 精神病人在不能辨认或者不能控制自己行为的时候违反治安管理的，不予处罚，但是应当责令其监护人严加看管和治疗。间歇性的精神病人在精神正常的时候违反治安管理的，应当给予处罚。

平安成都
铁拳行动
全力确保市级机关办公区安全稳定
全力确保不发生重大安全责任事故

第十四条 盲人或者又聋又哑的人违反治安管理的，可以从轻、减轻或者不予处罚。

第十五条 醉酒的人违反治安管理的，应当给予处罚。

醉酒的人在醉酒状态中，对本人有危险或者对他人的人身、财产或者公共安全有威胁的，应当对其采取保护性措施约束至酒醒。

第十六条 有两种以上违反治安管理行为的，分别决定，合并执行。行政拘留处罚合并执行的，最长不超过二十日。

第十七条 共同违反治安管理的，根据违反治安管理行为人在违反治安管理行为中所起的作用，分别处罚。

教唆、胁迫、诱骗他人违反治安管理的，按照其教唆、胁迫、诱骗的行为处罚。

第十八条 单位违反治安管理的，对其直接负责的主管人员和其他直接责任人员依照本法的规定处罚。其他法律、行政法规对同一行为规定给予单位处罚的，依照其规定处罚。

第十九条 违反治安管理有下列情形之一的，减轻处罚或者不予处罚：

（一）情节特别轻微的；

（二）主动消除或者减轻违法后果，并取得被侵害人谅解的；

（三）出于他人胁迫或者诱骗的；

（四）主动投案，向公安机关如实陈述自己的违法行为的；

（五）有立功表现的。

扫黑
除恶
成都
政法
有黑扫黑／无黑除恶／无恶治乱
深入开展扫黑除恶专项斗争 努力创造安全稳定社会环境

第二十条 违反治安管理有下列情形之一的，从重处罚：

（一）有较严重后果的；

（二）教唆、胁迫、诱骗他人违反治安管理的；

（三）对报案人、控告人、举报人、证人打击报复的；

（四）六个月内曾受过治安管理处罚的。

第二十一条 违反治安管理行为人有下列情形之一，依照本法应当给予行政拘留处罚的，不执行行政拘留处罚：

（一）已满14周岁不满16周岁的；

（二）已满16周岁不满18周岁，初次违反治安管理的；

（三）70周岁以上的；

（四）怀孕或者哺乳自己不满一周岁婴儿的。

第二十二条 违反治安管理行为在六个月内没有被公安机关发现的，不再处罚。

前款规定的期限，从违反治安管理行为发生之日起计算；违反治安管理行为有连续或者继续状态的，从行为终了之日起计算。

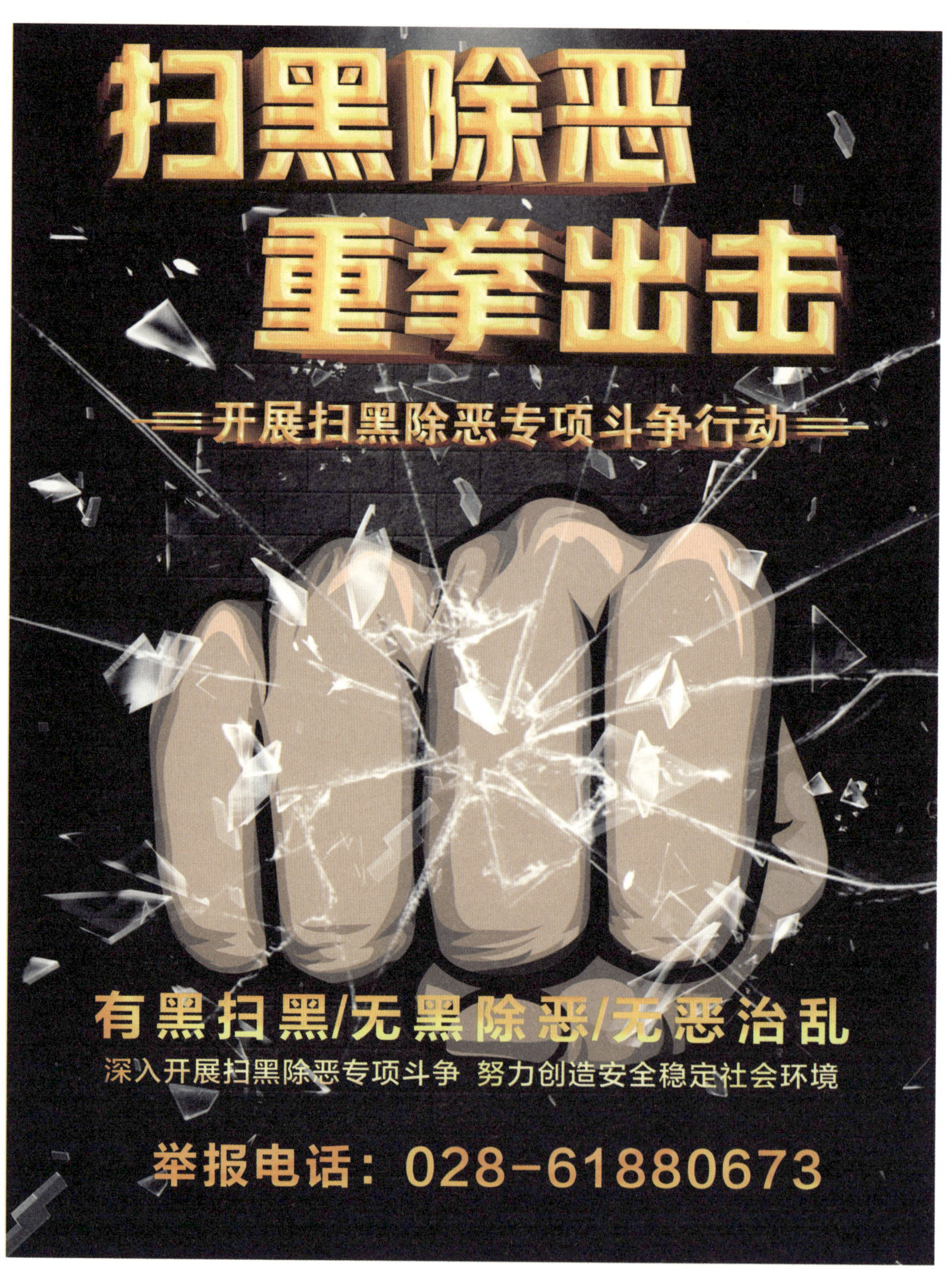
扫黑除恶
重拳出击
开展扫黑除恶专项斗争行动
有黑扫黑/无黑除恶/无恶治乱
深入开展扫黑除恶专项斗争 努力创造安全稳定社会环境
举报电话：028-61880673

第三章 违反治安管理的行为和处罚

第一节 扰乱公共秩序的行为和处罚

第二十三条 有下列行为之一的，处警告或者二百元以下罚款；情节较重的，处五日以上十日以下拘留，可以并处五百元以下罚款：

（一）扰乱机关、团体、企业、事业单位秩序，致使工作、生产、营业、医疗、教学、科研不能正常进行，尚未造成严重损失的；

（二）扰乱车站、港口、码头、机场、商场、公园、展览馆或者其他公共场所秩序的；

（三）扰乱公共汽车、电车、火车、船舶、航空器或者其他公共交通工具上的秩序的；

（四）非法拦截或者强登、扒乘机动车、船舶、航空器以及其他交通工具，影响交通工具正常行驶的；

（五）破坏依法进行的选举秩序的。

聚众实施前款行为的，对首要分子处十日以上十五日以下拘留，可以并处一千元以下罚款。

……

第二十八条 违反国家规定，故意干扰无线电业务正常进行的，或者对正常运行的无线电台（站）产生有害干扰，经有关主管部门指出后，拒不采取有效措施消除的，处五日以上十日以下拘留；情节严重的，处十日以上十五日以下拘留。

扫黑除恶
深入开展扫黑除恶专项斗争
努力创造安全稳定社会环境
举报电话：028-61880673

第二节 妨害公共安全的行为和处罚

第三十条 违反国家规定，制造、买卖、储存、运输、邮寄、携带、使用、提供、处置爆炸性、毒害性、放射性、腐蚀性物质或者传染病病原体等危险物质的，处十日以上十五日以下拘留；情节较轻的，处五日以上十日以下拘留。

第三十一条 爆炸性、毒害性、放射性、腐蚀性物质或者传染病病原体等危险物质被盗、被抢或者丢失，未按规定报告的，处五日以下拘留；故意隐瞒不报的，处五日以上十日以下拘留。

第三十二条 非法携带枪支、弹药或者弩、匕首等国家规定的管制器具的，处五日以下拘留，可以并处五百元以下罚款；情节较轻的，处警告或者二百元以下罚款。

非法携带枪支、弹药或者弩、匕首等国家规定的管制器具进入公共场所或者公共交通工具的，处五日以上十日以下拘留，可以并处五百元以下罚款。

……

第三十八条 举办文化、体育等大型群众性活动，违反有关规定，有发生安全事故危险的，责令停止活动，立即疏散；对组织者处五日以上十日以下拘留，并处二百元以上五百元以下罚款；情节较轻的，处五日以下拘留或者五百元以下罚款。

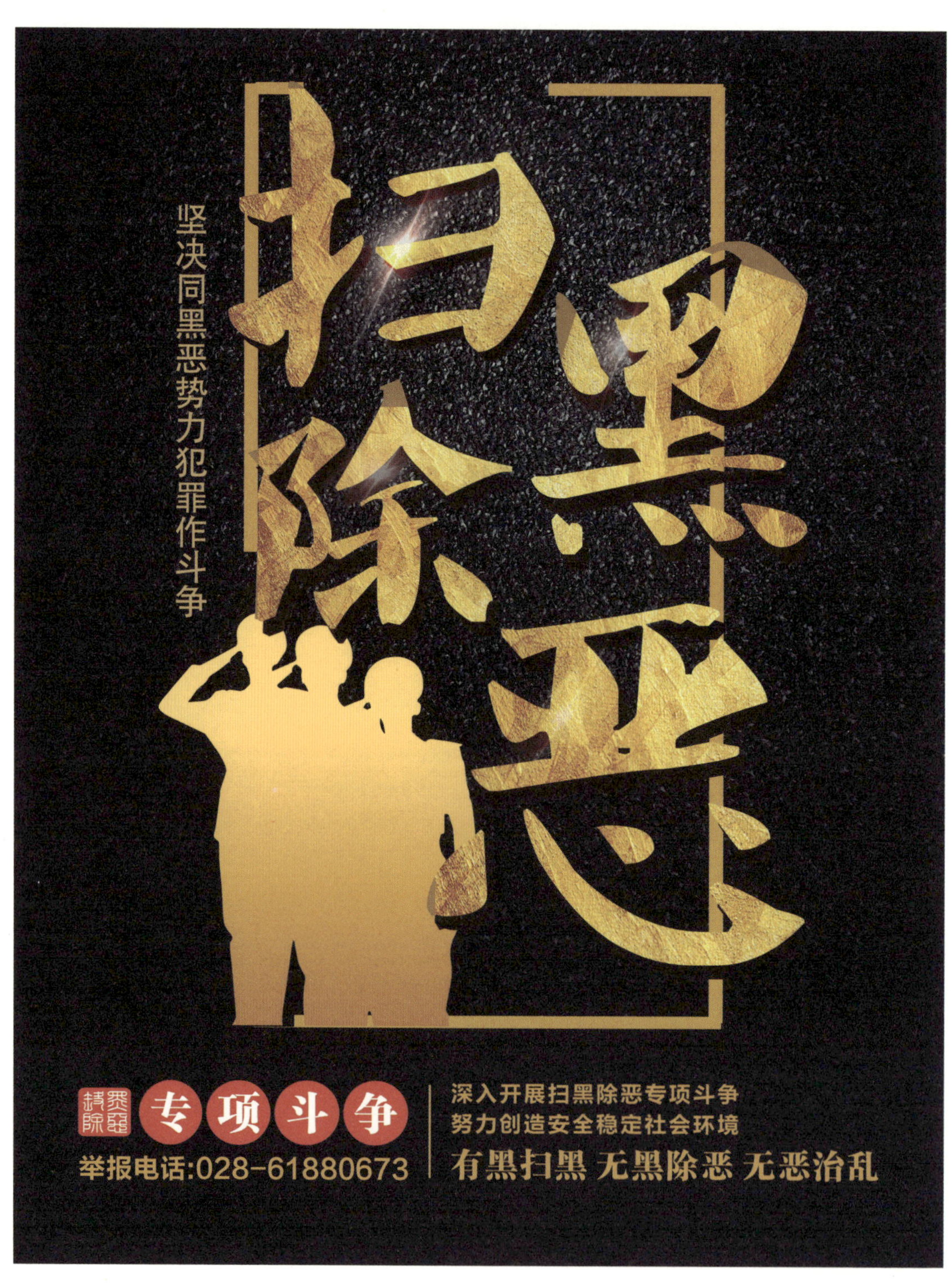

扫黑除恶
坚决同黑恶势力犯罪作斗争
专项斗争
举报电话:028-61880673
深入开展扫黑除恶专项斗争
努力创造安全稳定社会环境
有黑扫黑 无黑除恶 无恶治乱

第三节 侵犯人身、财产权利的行为和处罚

……

第四十二条 有下列行为之一的，处五日以下拘留或者五百元以下罚款；情节较重的，处五日以上十日以下拘留，可以并处五百元以下罚款：

（一）写恐吓信或者以其他方法威胁他人人身安全的；

（二）公然侮辱他人或者捏造事实诽谤他人的；

（三）捏造事实诬告陷害他人，企图使他人受到刑事追究或者受到治安管理处罚的；

（四）对证人及其近亲属进行威胁、侮辱、殴打或者打击报复的；

（五）多次发送淫秽、侮辱、恐吓或者其他信息，干扰他人正常生活的；

（六）偷窥、偷拍、窃听、散布他人隐私的。

第四十三条 殴打他人的，或者故意伤害他人身体的，处五日以上十日以下拘留，并处二百元以上五百元以下罚款；情节较轻的，处五日以下拘留或者五百元以下罚款。

有下列情形之一的，处十日以上十五日以下拘留，并处五百元以上一千元以下罚款：

（一）结伙殴打、伤害他人的；

（二）殴打、伤害残疾人、孕妇、不满十四周岁的人或者六十周岁以上的人的；

（三）多次殴打、伤害他人或者一次殴打、伤害多人的。

……

重拳出击
扫黑除恶
有黑扫黑/无黑除恶/无恶治乱
深入开展扫黑除恶专项斗争 努力创造安全稳定社会环境
举报电话：028-61880673
世界人民大团

第四节 妨害社会管理的行为和处罚

第五十条 有下列行为之一的，处警告或者二百元以下罚款；情节严重的，处五日以上十日以下拘留，可以并处五百元以下罚款：

（一）拒不执行人民政府在紧急状态情况下依法发布的决定、命令的；

（二）阻碍国家机关工作人员依法执行职务的；

（三）阻碍执行紧急任务的消防车、救护车、工程抢险车、警车等车辆通行的；

（四）强行冲闯公安机关设置的警戒带、警戒区的。阻碍人民警察依法执行职务的，从重处罚。

第五十一条 冒充国家机关工作人员或者以其他虚假身份招摇撞骗的，处五日以上十日以下拘留，可以并处五百元以下罚款；情节较轻的，处五日以下拘留或者五百元以下罚款。

冒充军警人员招摇撞骗的，从重处罚。

……

第五十五条 煽动、策划非法集会、游行、示威，不听劝阻的，处十日以上十五日以下拘留。

……

举报电话：028-61880673

第六十条 有下列行为之一的，处五日以上十日以下拘留，并处二百元以上五百元以下罚款：

（一）隐藏、转移、变卖或者损毁行政执法机关依法扣押、查封、冻结的财物的；

（二）伪造、隐匿、毁灭证据或者提供虚假证言、谎报案情，影响行政执法机关依法办案的；

（三）明知是赃物而窝藏、转移或者代为销售的；

（四）被依法执行管制、剥夺政治权利或者在缓刑、暂予监外执行中的罪犯或者被依法采取刑事强制措施的人，有违反法律、行政法规或者国务院有关部门的监督管理规定的行为。

……

第七十二条 有下列行为之一的，处十日以上十五日以下拘留，可以并处二千元以下罚款；情节较轻的，处五日以下拘留或者五百元以下罚款：

（一）非法持有鸦片不满二百克、海洛因或者甲基苯丙胺不满十克或者其他少量毒品的；

（二）向他人提供毒品的；

（三）吸食、注射毒品的；

（四）胁迫、欺骗医务人员开具麻醉药品、精神药品的。

……

安全运动篇

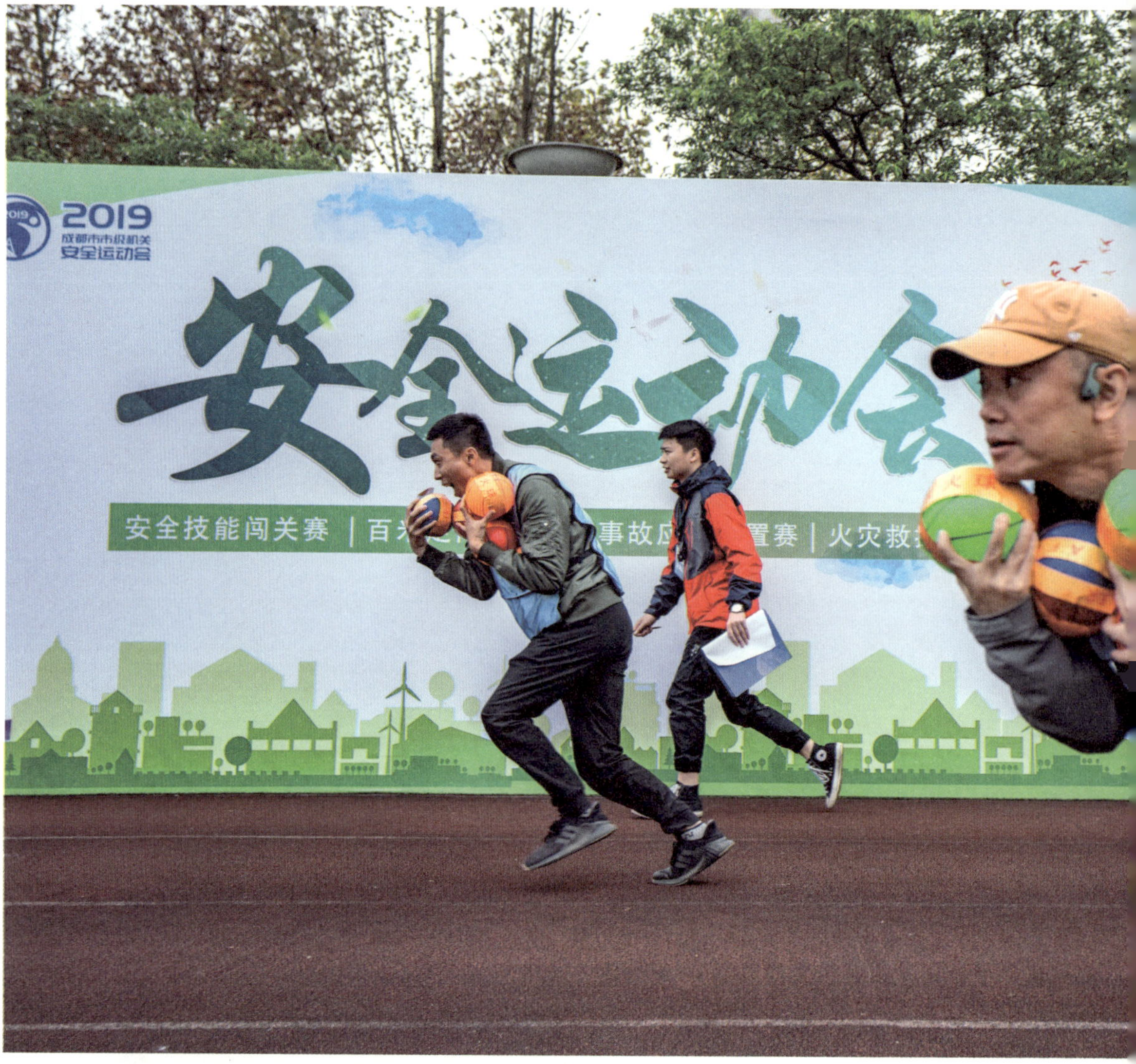
2019
成都市市级机关
安全运动会
安全运动会
安全技能闯关赛

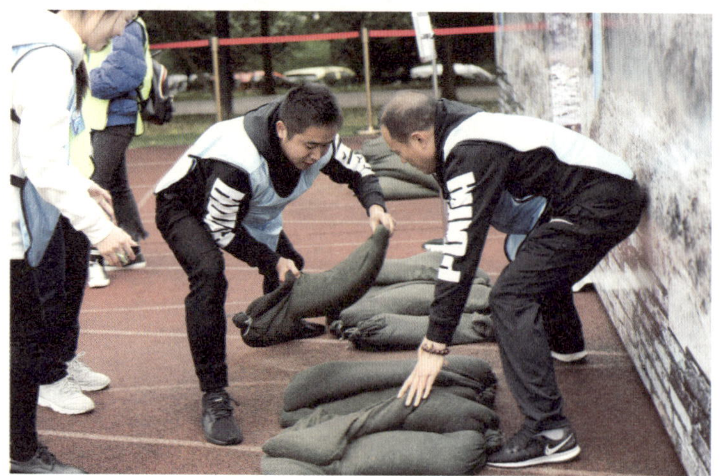

共筑国家安全“命运共同体”

又到全民国家安全教育日，国家安全成为社会热词。在总体国家安全观指引下，国家安全教育在全社会普遍得到加强，广大群众逐渐树立起维护国家安全的思想自觉。在中小学校，课堂内外国家安全教育扎实开展；在企事业单位，国家安全观念再次得到强化；在街道乡村，国家安全法治知识向群众普及……积极良好的互动、喜闻乐见的形式，凝聚起广泛的国家安全共识，提升着社会的国家安全意识。

正如习近平总书记所言，“要坚持国家安全一切为了人民、一切依靠人民，动员全党全社会共同努力，汇聚起维护国家安全的强大力量”。维护国家安全不仅要有顶层设计、总体谋划，也要夯实群众基础、凝聚强大合力。开展全民国家安全教育日活动，就要涵养全民国家安全意识，筑牢国家安全的群众基础，汇聚维护国家安全的强大合力，促进全社会同心共筑国家安全的“命运共同体”。

安全稳定是改革发展的基础，国家安全是安邦定国的基石。党的十八大以来，以习近平同志为核心的党中央从改革发展大局出发，准确把握国家安全形势变化的新特点新趋势，提出总体国家安全观，坚持以人民安全为宗旨，走中国特色国家安全道路，为开创新形势下国家安全工作新局面提供了基本遵循。从成立中央国家安全委员会，建立集中统一、高效权威的国家安全体制；到制定《国家安全法》，加快推进国家安全法治建设；再到明确国家安全战略方针和总体部署，一系列重大创新举措陆续出台，国家安全工作取得显著成效。

安而不忘危，存而不忘亡，治而不忘乱。当前，我国国家安全内涵和外延比历史上任何时候都要丰富，时空领域比历史上任何时候都要宽广，内外因素比历史上任何时候都要复杂。越是接近奋斗目标，前进阻力和风险压力就越大，在这个重要时刻，就越是要提高对国家安全重要性迫切性的认识，越是要加强全民国家安全宣传教育，让每个人都能认清国家安全形势、提升国家安全意识、增强国家安全使命，让每个人都能为国家安全这个“头等大事”添砖加瓦，真正筑起国家安全牢不可破的铜墙铁壁。

国家安全工作归根结底是保障人民利益，为群众安居乐业提供坚强保障。坚持“一切为了人民”，指明了国家安全工作的价值指向和最终目的。无论是维护外部安全，还是确保内部安全，抑或是突出抓好政治安全、经济安全、国土安全、社会安全、网络安全等各方面安全工作，都要坚持“以人民安全为宗旨”，增强人民群众的安全感、幸福感和获得感。坚持“一切依靠人民”，指明了国家安全工作的力量源泉和根本途径。以设立全民国家安全教育日为契机，组织开展内容丰富、形式多样的国家安全宣传教育活动，加大对国家安全法、反恐怖主义法等国家安全相关法律法规的普法宣传力度，让国家安全这个抽象概念入脑入心，成为全社会的自觉追求，形成维护国家安全的强大社会共识。

国家安全是最基本的公共产品，每个人都能享受国家安全红利，每个人也都有维护国家安全的责任。以总体国家安全观为指导，担当起维护国家安全责任，坚持国家安全一切为了人民、一切依靠人民，我们必将凝聚维护国家安全的磅礴力量，为实现中华民族伟大复兴中国梦提供坚强保障。

（《人民日报》2017年4月15日 01 版 作者：人民日报评论员）

成都市市级机关安全运动会

隐患排查竞技赛 消防安全接力赛 安全技能大闯关 心肺复苏技能赛

时间：2017年11月

地点：蜀锦路68号成都市政府机关办公区

参赛单位：市级机关各部门

中华人民共和国突发事件应对法（2007）（节选）

第一章　总则

……

第十条　有关人民政府及其部门作出的应对突发事件的决定、命令，应当及时公布。

第十一条　有关人民政府及其部门采取的应对突发事件的措施，应当与突发事件可能造成的社会危害的性质、程度和范围相适应；有多种措施可供选择的，应当选择有利于最大程度地保护公民、法人和其他组织权益的措施。

公民、法人和其他组织有义务参与突发事件应对工作。

第十二条　有关人民政府及其部门为应对突发事件，可以征用单位和个人的财产。被征用的财产在使用完毕或者突发事件应急处置工作结束后，应当及时返还。财产被征用或者征用后毁损、灭失的，应当给予补偿。

第十三条　因采取突发事件应对措施，诉讼、行政复议、仲裁活动不能正常进行的，适用有关时效中止和程序中止的规定，但法律另有规定的除外。

第十四条　中国人民解放军、中国人民武装警察部队和民兵组织依照本法和其他有关法律、行政法规、军事法规的规定以及国务院、中央军事委员会的命令，参加突发事件的应急救援和处置工作。

第十五条　中华人民共和国政府在突发事件的预防、监测与预警、应急处置与救援、事后恢复与重建等方面，同外国政府和有关国际组织开展合作与交流。

第十六条　县级以上人民政府作出应对突发事件的决定、命令，应当报本级人民代表大会常务委员会备案；突发事件应急处置工作结束后，应当向本级人民代表大会常务委员会作出专项工作报告。

成都市市级机关安全运动会
CDAC SAFETY SPORTS MEETING
成都市市级机关安全运动会
隐患排查竞技赛 消防安全接力赛 安全技能大闯关 心肺复苏技能赛
时间：2017年11月
地点：蜀锦路68号成都市政府机关办公区
参赛单位：市级机关各部门
群策群力 群防群治
安全机关 共建共享

第二章 预防与应急准备

第十七条 国家建立健全突发事件应急预案体系。

国务院制定国家突发事件总体应急预案，组织制定国家突发事件专项应急预案；国务院有关部门根据各自的职责和国务院相关应急预案，制定国家突发事件部门应急预案。

地方各级人民政府和县级以上地方各级人民政府有关部门根据有关法律、法规、规章、上级人民政府及其有关部门的应急预案以及本地区的实际情况，制定相应的突发事件应急预案。

应急预案制定机关应当根据实际需要和情势变化，适时修订应急预案。应急预案的制定、修订程序由国务院规定。

第十八条 应急预案应当根据本法和其他有关法律、法规的规定，针对突发事件的性质、特点和可能造成的社会危害，具体规定突发事件应急管理工作的组织指挥体系与职责和突发事件的预防与预警机制、处置程序、应急保障措施以及事后恢复与重建措施等内容。

第十九条 城乡规划应当符合预防、处置突发事件的需要，统筹安排应对突发事件所必需的设备和基础设施建设，合理确定应急避难场所。

第二十条 县级以上人民政府应当对本行政区域内容易引发自然灾害、事故灾难和公共卫生事件的危险源、危险区域进行调查、登记、风险评估，定期进行检查、监控，并责令有关单位采取安全防范措施。

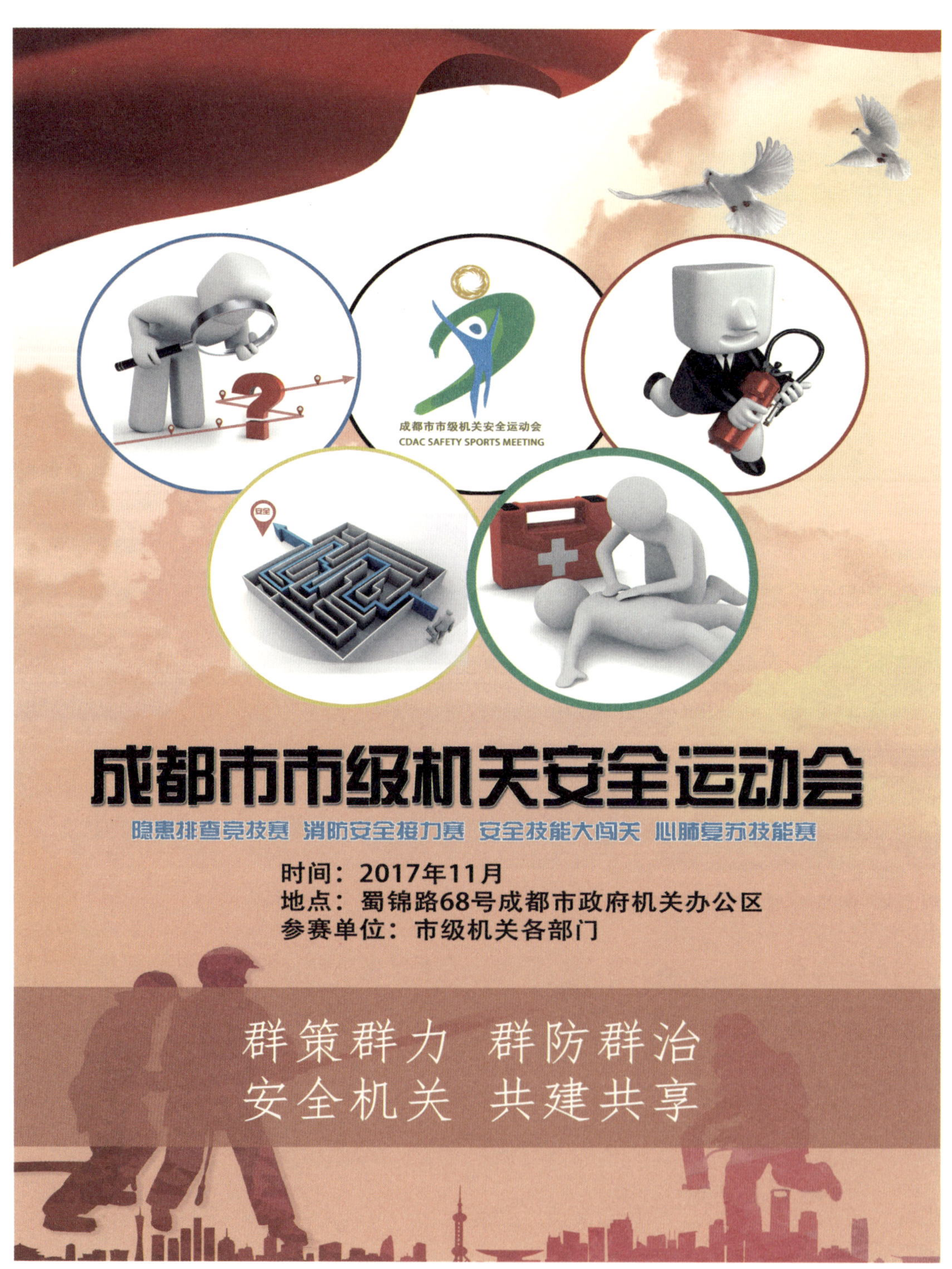
成都市市级机关安全运动会
CDAC SAFETY SPORTS MEETING
成都市市级机关安全运动会
隐患排查竞技赛 消防安全接力赛 安全技能大闯关 心肺复苏技能赛
时间：2017年11月
地点：蜀锦路68号成都市政府机关办公区
参赛单位：市级机关各部门
群策群力 群防群治
安全机关 共建共享

省级和设区的市级人民政府应当对本行政区域内容易引发特别重大、重大突发事件的危险源、危险区域进行调查、登记、风险评估，定期进行检查、监控，并责令有关单位采取安全防范措施。

县级以上地方各级人民政府按照本法规定登记的危险源、危险区域，应当按照国家规定及时向社会公布。

第二十一条 县级人民政府及其有关部门、乡级人民政府、街道办事处、居民委员会、村民委员会应当及时调解处理可能引发社会安全事件的矛盾纠纷。

第二十二条 所有单位应当建立健全安全管理制度，定期检查本单位各项安全防范措施的落实情况，及时消除事故隐患；掌握并及时处理本单位存在的可能引发社会安全事件的问题，防止矛盾激化和事态扩大；对本单位可能发生的突发事件和采取安全防范措施的情况，应当按照规定及时向所在地人民政府或者人民政府有关部门报告。

第二十三条 矿山、建筑施工单位和易燃易爆物品、危险化学品、放射性物品等危险物品的生产、经营、储运、使用单位，应当制定具体应急预案，并对生产经营场所、有危险物品的建筑物、构筑物及周边环境开展隐患排查，及时采取措施消除隐患，防止发生突发事件。

第二十四条 公共交通工具、公共场所和其他人员密集场所的经营单位或者管理单位应当制定具体应急预案，为交通工具和有关场所配备报警装置和必要的应急救援设备、设施，注明其使用方法，并显著标明安全撤离的通道、路线，保证安全通道、出口的畅通。

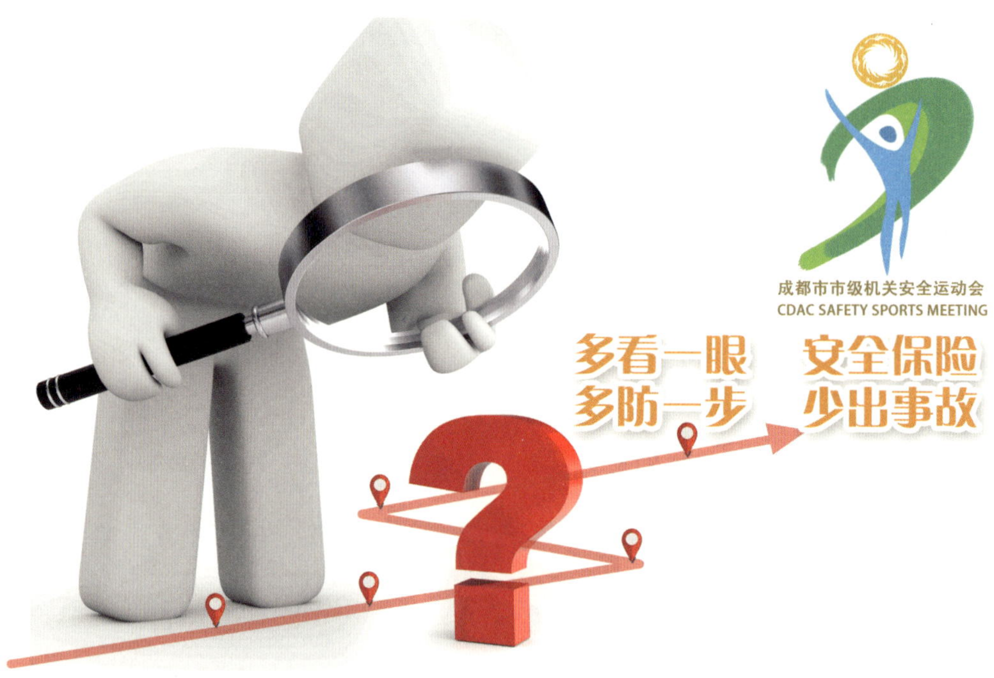

成都市市级机关安全运动会

隐患排查竞技赛　消防安全接力赛　安全技能大闯关　心肺复苏技能赛

时间：2017年11月
地点：蜀锦路68号成都市政府机关办公区
参赛单位：市级机关各部门

群策群力　群防群治
安全机关　共建共享

有关单位应当定期检测、维护其报警装置和应急救援设备、设施，使其处于良好状态，确保正常使用。

第二十五条 县级以上人民政府应当建立健全突发事件应急管理培训制度，对人民政府及其有关部门负有处置突发事件职责的工作人员定期进行培训。

第二十六条 县级以上人民政府应当整合应急资源，建立或者确定综合性应急救援队伍。人民政府有关部门可以根据实际需要设立专业应急救援队伍。

县级以上人民政府及其有关部门可以建立由成年志愿者组成的应急救援队伍。单位应当建立由本单位职工组成的专职或者兼职应急救援队伍。

县级以上人民政府应当加强专业应急救援队伍与非专业应急救援队伍的合作，联合培训、联合演练，提高合成应急、协同应急的能力。

第二十七条 国务院有关部门、县级以上地方各级人民政府及其有关部门、有关单位应当为专业应急救援人员购买人身意外伤害保险，配备必要的防护装备和器材，减少应急救援人员的人身风险。

第二十八条 中国人民解放军、中国人民武装警察部队和民兵组织应当有计划地组织开展应急救援的专门训练。

第二十九条 县级人民政府及其有关部门、乡级人民政府、街道办事处应当组织开展应急知识的宣传普及活动和必要的应急演练。

居民委员会、村民委员会、企业事业单位应当根据所在地人民政府的要求，结合各自的实际情况，开展有关突发事件应急知识的宣传普及活动和必要的应急演练。

成都市市级机关安全运动会

隐患排查竞技赛 消防安全接力赛 安全技能大闯关 心肺复苏技能赛

时间：2017年11月
地点：蜀锦路68号成都市政府机关办公区
参赛单位：市级机关各部门

群策群力 群防群治
安全机关 共建共享

新闻媒体应当无偿开展突发事件预防与应急、自救与互救知识的公益宣传。

第三十条 各级各类学校应当把应急知识教育纳入教学内容，对学生进行应急知识教育，培养学生的安全意识和自救与互救能力。

教育主管部门应当对学校开展应急知识教育进行指导和监督。

第三十一条 国务院和县级以上地方各级人民政府应当采取财政措施，保障突发事件应对工作所需经费。

第三十二条 国家建立健全应急物资储备保障制度，完善重要应急物资的监管、生产、储备、调拨和紧急配送体系。

设区的市级以上人民政府和突发事件易发、多发地区的县级人民政府应当建立应急救援物资、生活必需品和应急处置装备的储备制度。

县级以上地方各级人民政府应当根据本地区的实际情况，与有关企业签订协议，保障应急救援物资、生活必需品和应急处置装备的生产、供给。

第三十三条 国家建立健全应急通信保障体系，完善公用通信网，建立有线与无线相结合、基础电信网络与机动通信系统相配套的应急通信系统，确保突发事件应对工作的通信畅通。

第三十四条 国家鼓励公民、法人和其他组织为人民政府应对突发事件工作提供物资、资金、技术支持和捐赠。

第三十五条 国家发展保险事业，建立国家财政支持的巨灾风险保险体系，并鼓励单位和公民参加保险。

……

每一步都需要安全

成都市市级机关安全运动会

隐患排查竞技赛 消防安全接力赛 安全技能大闯关 心肺复苏技能赛

时间：2017年11月
地点：蜀锦路68号成都市政府机关办公区
参赛单位：市级机关各部门

群策群力 群防群治
安全机关 共建共享

第三章 监测与预警

第三十七条 国务院建立全国统一的突发事件信息系统。

县级以上地方各级人民政府应当建立或者确定本地区统一的突发事件信息系统，汇集、储存、分析、传输有关突发事件的信息，并与上级人民政府及其有关部门、下级人民政府及其有关部门、专业机构和监测网点的突发事件信息系统实现互联互通，加强跨部门、跨地区的信息交流与情报合作。

第三十八条 县级以上人民政府及其有关部门、专业机构应当通过多种途径收集突发事件信息。

县级人民政府应当在居民委员会、村民委员会和有关单位建立专职或者兼职信息报告员制度。

获悉突发事件信息的公民、法人或者其他组织，应当立即向所在地人民政府、有关主管部门或者指定的专业机构报告。

第三十九条 地方各级人民政府应当按照国家有关规定向上级人民政府报送突发事件信息。县级以上人民政府有关主管部门应当向本级人民政府相关部门通报突发事件信息。专业机构、监测网点和信息报告员应当及时向所在地人民政府及其有关主管部门报告突发事件信息。

有关单位和人员报送、报告突发事件信息，应当做到及时、客观、真实，不得迟报、谎报、瞒报、漏报。

成都市市级机关安全运动会

隐患排查竞技赛 消防安全接力赛 安全技能大闯关 心肺复苏技能赛

时间：2017年11月
地点：蜀锦路68号成都市政府机关办公区
参赛单位：市级机关各部门

群策群力 群防群治
安全机关 共建共享

第四十条 县级以上地方各级人民政府应当及时汇总分析突发事件隐患和预警信息，必要时组织相关部门、专业技术人员、专家学者进行会商，对发生突发事件的可能性及其可能造成的影响进行评估；认为可能发生重大或者特别重大突发事件的，应当立即向上级人民政府报告，并向上级人民政府有关部门、当地驻军和可能受到危害的毗邻或者相关地区的人民政府通报。

第四十一条 国家建立健全突发事件监测制度。

县级以上人民政府及其有关部门应当根据自然灾害、事故灾难和公共卫生事件的种类和特点，建立健全基础信息数据库，完善监测网络，划分监测区域，确定监测点，明确监测项目，提供必要的设备、设施，配备专职或者兼职人员，对可能发生的突发事件进行监测。

第四十二条 国家建立健全突发事件预警制度。

可以预警的自然灾害、事故灾难和公共卫生事件的预警级别，按照突发事件发生的紧急程度、发展势态和可能造成的危害程度分为一级、二级、三级和四级，分别用红色、橙色、黄色和蓝色标示，一级为最高级别。

预警级别的划分标准由国务院或者国务院确定的部门制定。

第四十三条 可以预警的自然灾害、事故灾难或者公共卫生事件即将发生或者发生的可能性增大时，县级以上地方各级人民政府应当根据有关法律、行政法规和国务院规定的权限和程序，发布相应级别的警报，决定并宣布有关地区进入预警期，同时向上一级人民政府报告，必要时可以越级上报，并向当地驻军和可能受到危害的毗邻或者相关地区的人民政府通报。

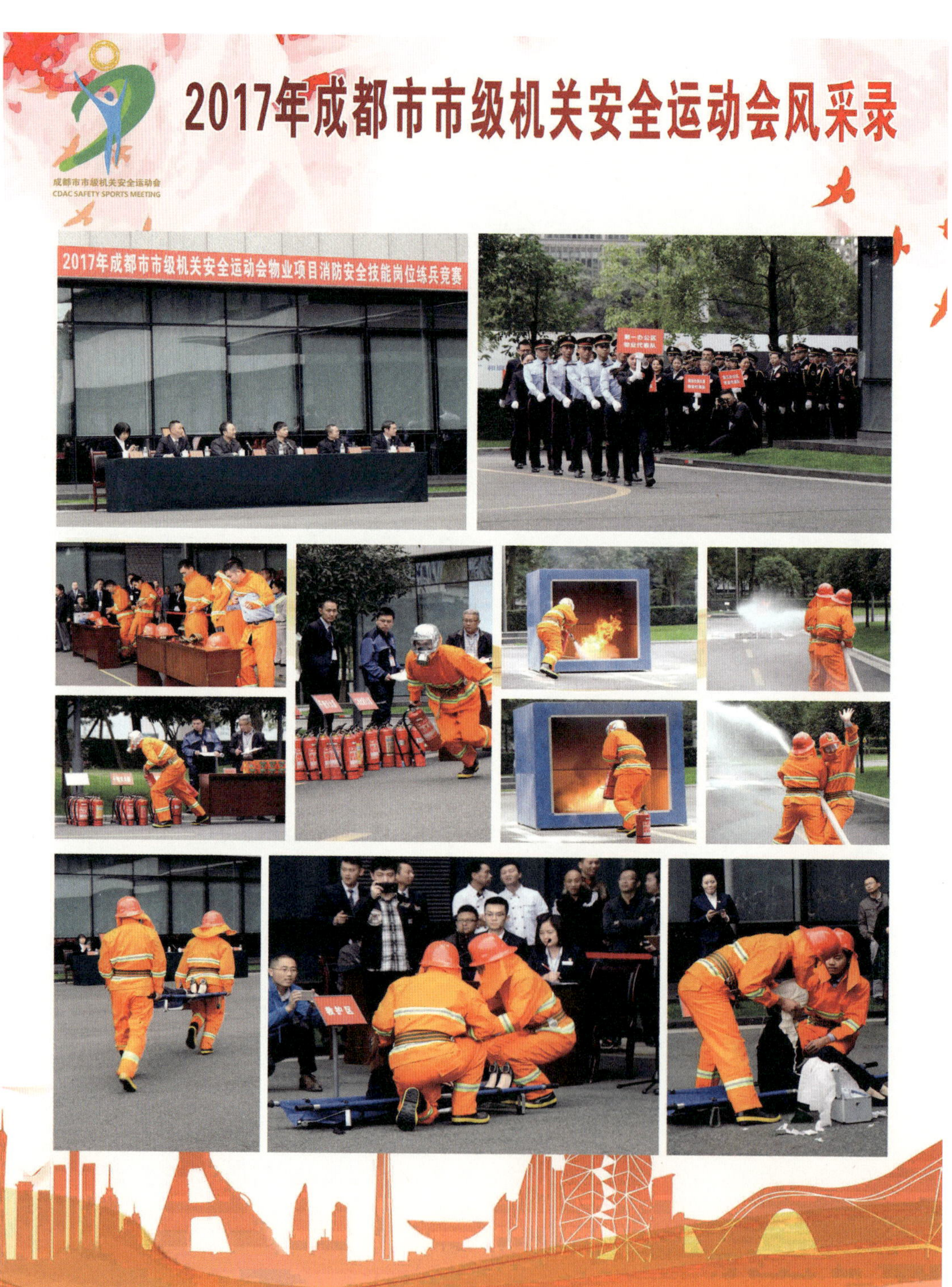
成都市市级机关安全运动会
CDAC SAFETY SPORTS MEETING
2017年成都市市级机关安全运动会风采录
2017年成都市市级机关安全运动会物业项目消防安全技能岗位练兵竞赛

第四十四条 发布三级、四级警报，宣布进入预警期后，县级以上地方各级人民政府应当根据即将发生的突发事件的特点和可能造成的危害，采取下列措施：

（一）启动应急预案；

（二）责令有关部门、专业机构、监测网点和负有特定职责的人员及时收集、报告有关信息，向社会公布反映突发事件信息的渠道，加强对突发事件发生、发展情况的监测、预报和预警工作；

（三）组织有关部门和机构、专业技术人员、有关专家学者，随时对突发事件信息进行分析评估，预测发生突发事件可能性的大小、影响范围和强度以及可能发生的突发事件的级别；

（四）定时向社会发布与公众有关的突发事件预测信息和分析评估结果，并对相关信息的报道工作进行管理；

（五）及时按照有关规定向社会发布可能受到突发事件危害的警告，宣传避免、减轻危害的常识，公布咨询电话。

第四十五条 发布一级、二级警报，宣布进入预警期后，县级以上地方各级人民政府除采取本法第四十四条规定的措施外，还应当针对即将发生的突发事件的特点和可能造成的危害，采取下列一项或者多项措施：

（一）责令应急救援队伍、负有特定职责的人员进入待命状态，并动员后备人员做好参加应急救援和处置工作的准备；

2017年成都市市级机关安全运动会风采录
成都市市级机关安全运动会
CDAC SAFETY SPORTS MEETING
2017年成都市市级机关安全运动会
成都市市级机关安全运动会
任务终点

（二）调集应急救援所需物资、设备、工具，准备应急设施和避难场所，并确保其处于良好状态、随时可以投入正常使用；

（三）加强对重点单位、重要部位和重要基础设施的安全保卫，维护社会治安秩序；

（四）采取必要措施，确保交通、通信、供水、排水、供电、供气、供热等公共设施的安全和正常运行；

（五）及时向社会发布有关采取特定措施避免或者减轻危害的建议、劝告；

（六）转移、疏散或者撤离易受突发事件危害的人员并予以妥善安置，转移重要财产；

（七）关闭或者限制使用易受突发事件危害的场所，控制或者限制容易导致危害扩大的公共场所的活动；

（八）法律、法规、规章规定的其他必要的防范性、保护性措施。

第四十六条 对即将发生或者已经发生的社会安全事件，县级以上地方各级人民政府及其有关主管部门应当按照规定向上一级人民政府及其有关主管部门报告，必要时可以越级上报。

第四十七条 发布突发事件警报的人民政府应当根据事态的发展，按照有关规定适时调整预警级别并重新发布。

有事实证明不可能发生突发事件或者危险已经解除的，发布警报的人民政府应当立即宣布解除警报，终止预警期，并解除已经采取的有关措施。

2017年成都市市级机关安全运动会奖牌榜

一等奖

市体育局、市信息化技术应用发展中心、市国资委、市外侨办、市安监局

二等奖

国家统计局成都调查队、市人社局、市政府办公厅、市政协办公厅、市机关事务管理局

三等奖

市科技局、市信访局、市食药监局、市司法局、市民宗局

第四章 应急处置与救援

第四十八条 突发事件发生后，履行统一领导职责或者组织处置突发事件的人民政府应当针对其性质、特点和危害程度，立即组织有关部门，调动应急救援队伍和社会力量，依照本章的规定和有关法律、法规、规章的规定采取应急处置措施。

第四十九条 自然灾害、事故灾难或者公共卫生事件发生后，履行统一领导职责的人民政府可以采取下列一项或者多项应急处置措施：

（一）组织营救和救治受害人员，疏散、撤离并妥善安置受到威胁的人员以及采取其他救助措施；

（二）迅速控制危险源，标明危险区域，封锁危险场所，划定警戒区，实行交通管制以及其他控制措施；

（三）立即抢修被损坏的交通、通信、供水、排水、供电、供气、供热等公共设施，向受到危害的人员提供避难场所和生活必需品，实施医疗救护和卫生防疫以及其他保障措施；

（四）禁止或者限制使用有关设备、设施，关闭或者限制使用有关场所，中止人员密集的活动或者可能导致危害扩大的生产经营活动以及采取其他保护措施；

（五）启用本级人民政府设置的财政预备费和储备的应急救援物资，必要时调用其他急需物资、设备、设施、工具；

（六）组织公民参加应急救援和处置工作，要求具有特定专长的人员提供服务；

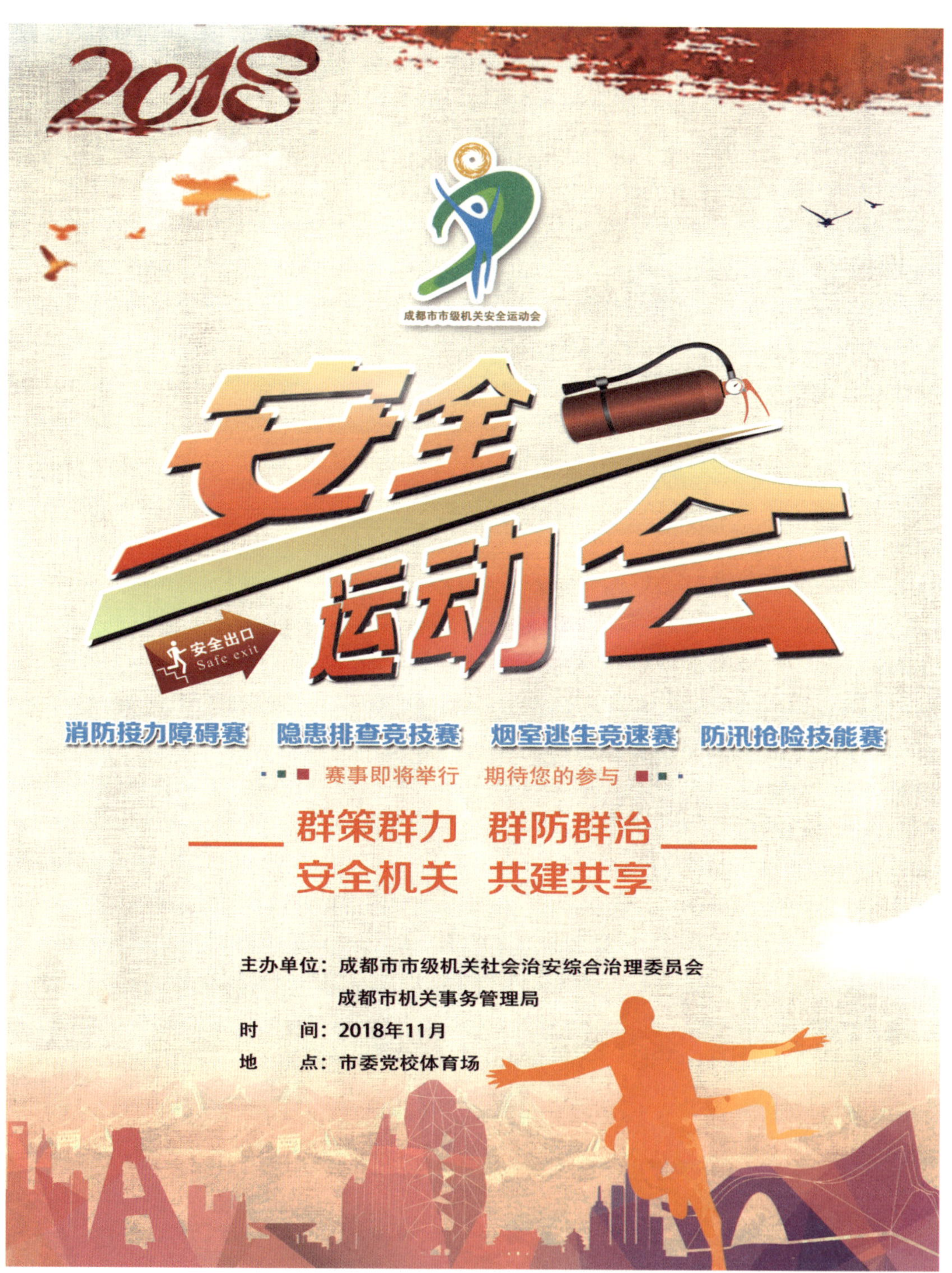
2018
成都市市级机关安全运动会
安全运动会
安全出口
Safe exit
消防接力障碍赛　隐患排查竞技赛　烟室逃生竞速赛　防汛抢险技能赛
赛事即将举行　期待您的参与
群策群力　群防群治
安全机关　共建共享
主办单位：成都市市级机关社会治安综合治理委员会
成都市机关事务管理局
时　　间：2018年11月
地　　点：市委党校体育场

（七）保障食品、饮用水、燃料等基本生活必需品的供应；

（八）依法从严惩处囤积居奇、哄抬物价、制假售假等扰乱市场秩序的行为，稳定市场价格，维护市场秩序；

（九）依法从严惩处哄抢财物、干扰破坏应急处置工作等扰乱社会秩序的行为，维护社会治安；

（十）采取防止发生次生、衍生事件的必要措施。

第五十条 社会安全事件发生后，组织处置工作的人民政府应当立即组织有关部门并由公安机关针对事件的性质和特点，依照有关法律、行政法规和国家其他有关规定，采取下列一项或者多项应急处置措施：

（一）强制隔离使用器械相互对抗或者以暴力行为参与冲突的当事人，妥善解决现场纠纷和争端，控制事态发展；

（二）对特定区域内的建筑物、交通工具、设备、设施以及燃料、燃气、电力、水的供应进行控制；

（三）封锁有关场所、道路，查验现场人员的身份证件，限制有关公共场所内的活动；

（四）加强对易受冲击的核心机关和单位的警卫，在国家机关、军事机关、国家通讯社、广播电台、电视台、外国驻华使领馆等单位附近设置临时警戒线；

（五）法律、行政法规和国务院规定的其他必要措施。

严重危害社会治安秩序的事件发生时，公安机关应当立即依法出动警力，根据现场情况依法采取相应的强制性措施，尽快使社会秩序恢复正常。

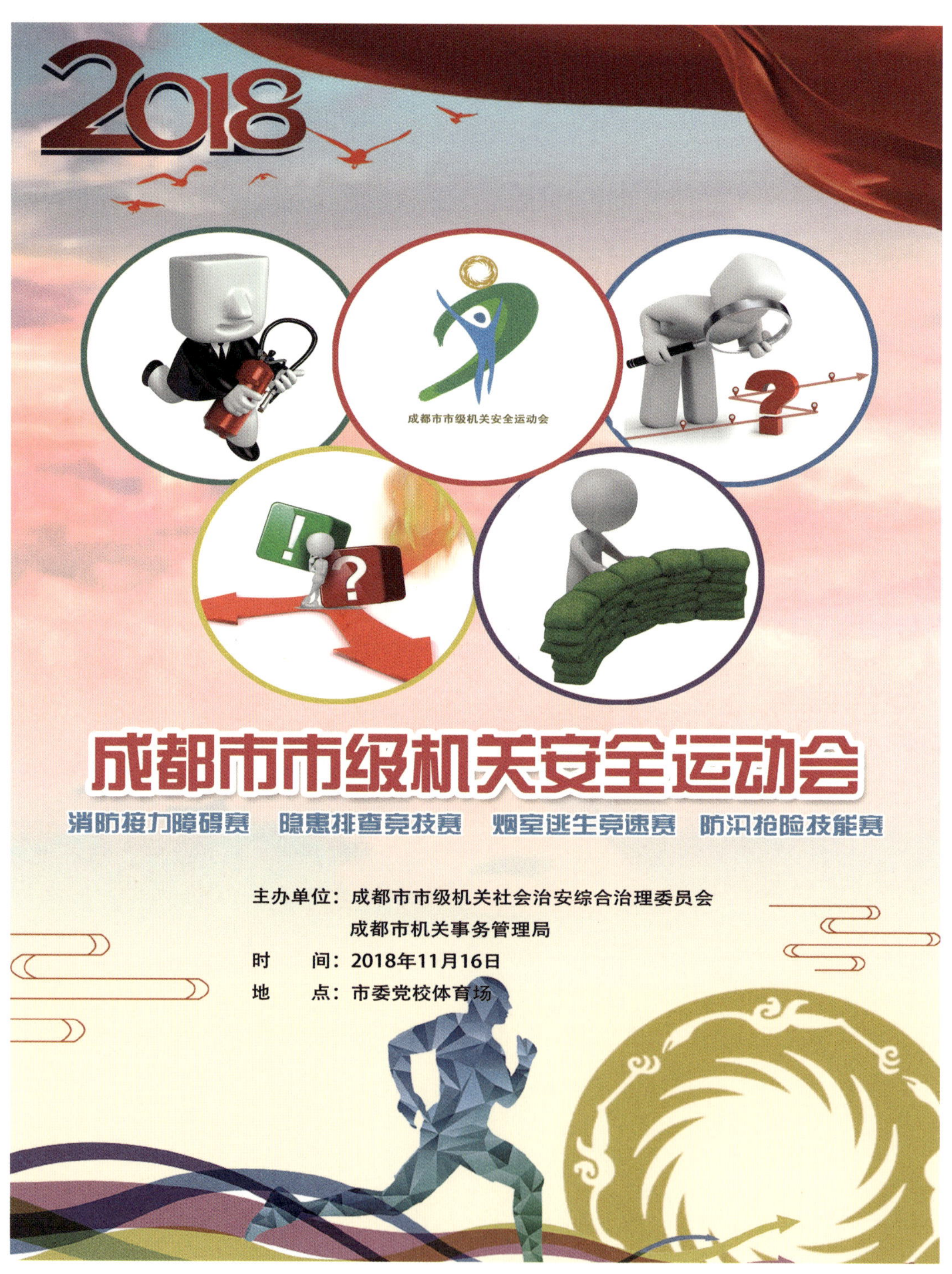
2018
成都市市级机关安全运动会
成都市市级机关安全运动会
消防接力障碍赛　隐患排查竞技赛　烟室逃生竞速赛　防汛抢险技能赛
主办单位：成都市市级机关社会治安综合治理委员会
成都市机关事务管理局
时　　间：2018年11月16日
地　　点：市委党校体育场

第五十一条 发生突发事件，严重影响国民经济正常运行时，国务院或者国务院授权的有关主管部门可以采取保障、控制等必要的应急措施，保障人民群众的基本生活需要，最大限度地减轻突发事件的影响。

第五十二条 履行统一领导职责或者组织处置突发事件的人民政府，必要时可以向单位和个人征用应急救援所需设备、设施、场地、交通工具和其他物资，请求其他地方人民政府提供人力、物力、财力或者技术支援，要求生产、供应生活必需品和应急救援物资的企业组织生产、保证供给，要求提供医疗、交通等公共服务的组织提供相应的服务。

履行统一领导职责或者组织处置突发事件的人民政府，应当组织协调运输经营单位，优先运送处置突发事件所需物资、设备、工具、应急救援人员和受到突发事件危害的人员。

第五十三条 履行统一领导职责或者组织处置突发事件的人民政府，应当按照有关规定统一、准确、及时发布有关突发事件事态发展和应急处置工作的信息。

第五十四条 任何单位和个人不得编造、传播有关突发事件事态发展或者应急处置工作的虚假信息。

第五十五条 突发事件发生地的居民委员会、村民委员会和其他组织应当按照当地人民政府的决定、命令，进行宣传动员，组织群众开展自救和互救，协助维护社会秩序。

……

成都市市级机关安全运动会

群策群力 群防群治 安全机关 共建共享

2018

成都市市级机关安全运动会

消防接力障碍赛 隐患排查竞技赛 烟室逃生竞速赛 防汛抢险技能赛

主办单位：成都市市级机关社会治安综合治理委员会

成都市机关事务管理局

参赛单位：市级机关各部门

时　　间：2018年11月

地　　点：市委党校体育场

第五章 事后恢复与重建

第五十八条 突发事件的威胁和危害得到控制或者消除后，履行统一领导职责或者组织处置突发事件的人民政府应当停止执行依照本法规定采取的应急处置措施，同时采取或者继续实施必要措施，防止发生自然灾害、事故灾难、公共卫生事件的次生、衍生事件或者重新引发社会安全事件。

第五十九条 突发事件应急处置工作结束后，履行统一领导职责的人民政府应当立即组织对突发事件造成的损失进行评估，组织受影响地区尽快恢复生产、生活、工作和社会秩序，制定恢复重建计划，并向上一级人民政府报告。

受突发事件影响地区的人民政府应当及时组织和协调公安、交通、铁路、民航、邮电、建设等有关部门恢复社会治安秩序，尽快修复被损坏的交通、通信、供水、排水、供电、供气、供热等公共设施。

第六十条 受突发事件影响地区的人民政府开展恢复重建工作需要上一级人民政府支持的，可以向上一级人民政府提出请求。上一级人民政府应当根据受影响地区遭受的损失和实际情况，提供资金、物资支持和技术指导，组织其他地区提供资金、物资和人力支援。

第六十一条 国务院根据受突发事件影响地区遭受损失的情况，制定扶持该地区有关行业发展的优惠政策。

受突发事件影响地区的人民政府应当根据本地区遭受损失的情况，制定救助、补偿、抚慰、抚恤、安置等善后工作计划并组织实施，妥善解决因处置突发事件引发的矛盾和纠纷。

……

成都市市级机关安全运动会

群策群力 群防群治 安全机关 共建

2018

成都市市级机关安全运动会

消防接力障碍赛　隐患排查竞技赛　烟室逃生竞速赛　防汛抢险技能赛

主办单位：成都市市级机关社会治安综合治理委员会

成都市机关事务管理局

参赛单位：市级机关各部门

时　　间：2018年11月

地　　点：市委党校体育场

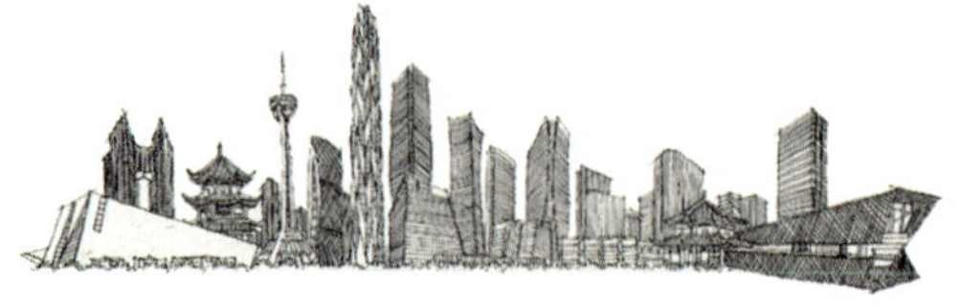

第六章 法律责任

第六十三条 地方各级人民政府和县级以上各级人民政府有关部门违反本法规定，不履行法定职责的，由其上级行政机关或者监察机关责令改正；有下列情形之一的，根据情节对直接负责的主管人员和其他直接责任人员依法给予处分：

（一）未按规定采取预防措施，导致发生突发事件，或者未采取必要的防范措施，导致发生次生、衍生事件的；

（二）迟报、谎报、瞒报、漏报有关突发事件的信息，或者通报、报送、公布虚假信息，造成后果的；

（三）未按规定及时发布突发事件警报、采取预警期的措施，导致损害发生的；

（四）未按规定及时采取措施处置突发事件或者处置不当，造成后果的；

（五）不服从上级人民政府对突发事件应急处置工作的统一领导、指挥和协调的；

（六）未及时组织开展生产自救、恢复重建等善后工作的；

（七）截留、挪用、私分或者变相私分应急救援资金、物资的；

（八）不及时归还征用的单位和个人的财产，或者对被征用财产的单位和个人不按规定给予补偿的。

第六十四条 有关单位有下列情形之一的，由所在地履行统一领导职责的人民政府责令停产停业，暂扣或者吊销许可证或者营业执照，并处五万元以上二十万元以下的罚款；构成违反治安管理行为的，由公安机关依法给予处罚：

群策群力 群防群治 安全机关 共建共享

成都市市级机关安全运动会

2018

成都市市级机关安全运动会

消防接力障碍赛　隐患排查竞技赛　烟室逃生竞速赛　防汛抢险技能赛

主办单位：成都市市级机关社会治安综合治理委员会

成都市机关事务管理局

参赛单位：市级机关各部门

时　　间：2018年11月

地　　点：市委党校体育场

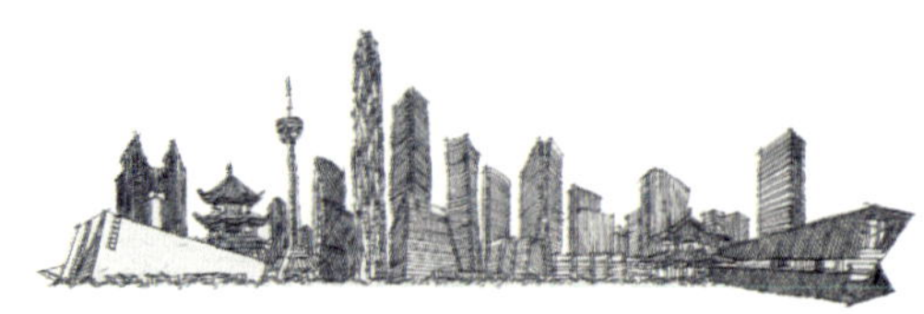

（一）未按规定采取预防措施，导致发生严重突发事件的；

（二）未及时消除已发现的可能引发突发事件的隐患，导致发生严重突发事件的；

（三）未做好应急设备、设施日常维护、检测工作，导致发生严重突发事件或者突发事件危害扩大的；

（四）突发事件发生后，不及时组织开展应急救援工作，造成严重后果的。

前款规定的行为，其他法律、行政法规规定由人民政府有关部门依法决定处罚的，从其规定。

第六十五条 违反本法规定，编造并传播有关突发事件事态发展或者应急处置工作的虚假信息，或者明知是有关突发事件事态发展或者应急处置工作的虚假信息而进行传播的，责令改正，给予警告；造成严重后果的，依法暂停其业务活动或者吊销其执业许可证；负有直接责任的人员是国家工作人员的，还应当对其依法给予处分；构成违反治安管理行为的，由公安机关依法给予处罚。

第六十六条 单位或者个人违反本法规定，不服从所在地人民政府及其有关部门发布的决定、命令或者不配合其依法采取的措施，构成违反治安管理行为的，由公安机关依法给予处罚。

第六十七条 单位或者个人违反本法规定，导致突发事件发生或者危害扩大，给他人人身、财产造成损害的，应当依法承担民事责任。

第六十八条 违反本法规定，构成犯罪的，依法追究刑事责任。

……

成都市市级机关安全运动会

群策群力 群防群治 安全机关 共建共享

2018

成都市市级机关安全运动会

消防接力障碍赛 隐患排查竞技赛 烟室逃生竞速赛 防汛抢险技能赛

主办单位：成都市市级机关社会治安综合治理委员会

成都市机关事务管理局

参赛单位：市级机关各部门

时　　间：2018年11月

地　　点：市委党校体育场

成都市市级机关集中办公区安全评估量化及隐患处置体系

为有效防范化解市级机关集中办公区安全风险，科学评估量化和处置各类安全隐患问题，根据《中华人民共和国安全生产法》《四川省安全生产条例》《成都市房屋使用安全管理条例》等法律法规和市级机关相关安全管理规定，结合工作实际，制定市级机关集中办公区安全评估量化及隐患处置体系。

一、责任主体

房屋业主是房屋主体结构安全评估量化和隐患处置的责任主体，物业（维保）单位是公共区域、共用设施设备安全评估量化和隐患处置的责任主体，入驻（使用）单位是专用部位、专属区域、专属设施设备安全评估量化和隐患处置的责任主体，负责牵头做好所属区域（范围）内的相关工作。

市机关事务管理局安全生产主管部门（安全保卫处）是安全评估量化和隐患处置的监督协调主体，负责对各责任主体开展相关工作情况进行巡查监管，协调应急、市场监管等部门定期组织专项安全检查和安全评估，督促相关单位落实隐患处置工作。

各责任主体要按照“一岗双责”和安全网格化管理要求，全面实施分级管理，逐级明确管理范围和职责，将责任落实和责任追究落实到每个环节、岗位和人员。根据不同安全风险类别，明确安全管理重点、细化工作流程、规范工作标准。

二、安全检查

各责任主体要坚持对所属范围内的房屋主体、玻璃幕墙、园区基础设施、给排水系统、隐蔽工程、共用（专用）设施设备、装饰装修等部位开展日查、周查、月分析、季度专家检查，强化晨检夜巡，抓好重大节假日和重要活动前的安全检

2018
成都市市级机关安全运动会风采录
成都市市级机关安全运动会
群策群力 群防群治
安全机关 共建共享

查，认真落实季节性专项安全检查。监督协调主体在持续开展日常巡查的基础上，按照与市应急局、市市场监管局建立的季度安全检查机制，落实好安全隐患排查整治工作。

三、评估量化

各责任主体要以标准化为基础，在所属工作范围内明确安全目标，量化安全任务，建立和完善安全职责清单和履职档案，将“三定期”（定期研究工作、定期督促检查工作、定期报告工作）作为安全工作的刚性要求，通过聘请第三方专业机构对房屋主体、公共区域和设施设备、专属区域和专用设施设备的安全工作状况进行评估，每季度实施安全考核评价，并将考核评估结果报监督协调主体。

监督协调主体要指导、督促、协调各责任主体安全评估和风险防控工作，定期邀请安全生产专家开展安全风险分析论证。深入开展安全风险点梳理分析，每季度形成研判报告。对评估出的隐患问题，要责成相关责任主体落实防范、化解和应急处置。

四、隐患处置

各责任主体要根据安全评估量化结果，制定包括工程技术、管理、教育、防护、应急等措施在内的隐患处置方案。要健全和完善隐患处置工作台账，按照“安全督办不过夜”“安全整改不过天”“效果检查不过周”“重大问题专题报”的要求抓好落实。对检查评估中发现的不属于本单位负责范围的安全隐患，应及时通报相关责任主体和监督协调主体，配合抓好处置工作。

2018
成都市市级机关安全运动会风采录
群策群力 群防群治
起点

第五条 管理原则

以国家、省、市现行安全制度标准和相关技术规范，按照管理职责和专业要求组织各办公区房屋使用安全管理；以集中办公区安保网格化管理办法（非集中办公区的管理可参照执行）组织安全防范；以安全责任区分及网格化管理界面进行隐患治理、检查考评和责任追究。

第六条 安全责任

依据《成都市房屋使用安全管理条例》第九条规定："保修期满后，业主为房屋使用安全责任人。房屋属国有或者集体所有的，其所有权行使人为房屋使用安全责任人。"

（一）市级机关租用的集中办公区，产权所属业主是所有权行使人，为房屋使用安全责任人，应与租用方约定房屋使用安全责任；租用方应与委托管理的物业管理单位和实际使用部门约定房屋使用安全责任。

（二）房屋权属登记在市级机关办公房屋使用主管部门的集中办公区和非集中办公区的房屋使用安全管理由所有权行使人（市机关事务管理局）负责，应与委托管理的物业管理单位和实际使用单位（下属单位）约定房屋使用安全责任。

（三）房屋权属登记在市级部门（下属单位）的，则该市级部门（下属单位）为该办公区房屋的所有权行使人，为该办公区房屋使用安全责任人；实际使用为其他单位的，由办公区房屋使用安全责任人（房屋所有权行使人）与使用单位约定房屋使用安全责任。

成都市市级机关安全运动会奖牌榜

市级部门组

一等奖

市人社局、市政协办公厅、市发改委、市体育局、市科技局

二等奖

市大数据和电子政务办、市民政局、市人大常委会办公厅、国家统计局成都调查队、市国资委

三等奖

市安监局、市委党校、市委台办、市国土局、市直机关工委

（四）物业管理单位承担合同约定委托物业管理区域的房屋建筑使用和设施设备运行的日常安全管理责任。

（五）市级机关办公区房屋实际使用单位对所使用房屋及区域（含所属机房和库室及专属设施设备）的日常安全管理负责。

成都市市级机关安全运动会奖牌榜

区（市）县组

一等奖

成华区、邛崃市、龙泉驿区

二等奖

简阳市、武侯区、锦江区

三等奖

新津县、金堂县、青羊区

成都市市级机关办公区房屋使用安全管理规定（试行）（节选）

集中办公区管理部分
第二章 管理职责

第七条 监管部门职责

市机关事务管理局是市级机关集中办公区（以下简称“集中办公区”）房屋使用安全的监管部门，履行以下职责：

（一）负责集中办公区房屋使用安全管理、评估等相关规定的制定和完善工作。

（二）建立监管体系，创新监管手段，对集中办公区房屋使用安全管理工作实施总体监管。

（三）协调相关部门和专业机构定期组织集中办公区房屋使用安全管理专项检查，督促问题和隐患整改。

（四）对物业管理单位负责的集中办公区房屋使用安全管理工作进行定期考核和年度考评；对集中办公区各单位房屋使用安全管理情况进行讲评和通报。

（五）建立集中办公区应急联动机制，协调处置办公区重大应急救援工作。

第八条 产权单位职责

对集中办公区具有合法所有权的单位（所有权行使人）履行产权单位职责：

（一）作为集中办公区交付相关物业管理单位委托管理的建筑房屋及配套设施设备符合安全要求，须经验收和验收合格，并负责相关必需的安全升级改造。

……

2019
群策群力 群防群治
安全机关 共建共享
2019
成都市市级机关安全运动会
主办单位：成都市机关事务管理局
指导单位：中共成都市直属机关工作委员会
协办单位：中共成都市委党校
成都市应急管理局
承办单位：成都市机关事务管理局安全保卫处
成都市城市安全与应急管理研究院
时间：2019.11.15 地点：中共成都市委党校
期 | 待 | 您 | 的 | 参 | 与

消防监督检查规定（2012修订）（节选）

第二章 消防监督检查的形式和内容

第六条 消防监督检查的形式有：

（一）对公众聚集场所在投入使用、营业前的消防安全检查；

（二）对单位履行法定消防安全职责情况的监督抽查；

（三）对举报投诉的消防安全违法行为的核查；

（四）对大型群众性活动举办前的消防安全检查；

（五）根据需要进行的其他消防监督检查。

第七条 公安机关消防机构根据本地区火灾规律、特点等消防安全需要组织监督抽查；在火灾多发季节，重大节日、重大活动前或者期间，应当组织监督抽查。

消防安全重点单位应当作为监督抽查的重点，非消防安全重点单位必须在监督抽查的单位数量中占有一定比例。对属于人员密集场所的消防安全重点单位每年至少监督检查一次。

第八条 公众聚集场所在投入使用、营业前，建设单位或者使用单位应当向场所所在地的县级以上人民政府公安机关消防机构申请消防安全检查，并提交下列材料：

（一）消防安全检查申报表；

（二）营业执照复印件或者工商行政管理机关出具的企业名称预先核准通知书；

2019
AFO
成都市市级机关安全运动会
百米定向竞技赛 安全技能闯关赛 火灾救援接力赛 事故应急处置赛
群策群力 群防群治
安全机关 共建共享

（三）依法取得的建设工程消防验收或者进行竣工验收消防备案的法律文件复印件；

（四）消防安全制度、灭火和应急疏散预案、场所平面布置图；

（五）员工岗前消防安全教育培训记录和自动消防系统操作人员取得的消防行业特有工种职业资格证书复印件；

（六）法律、行政法规规定的其他材料。

依照《建设工程消防监督管理规定》不需要进行竣工验收消防备案的公众聚集场所申请消防安全检查的，还应当提交场所室内装修消防设计施工图、消防产品质量合格证明文件，以及装修材料防火性能符合消防技术标准的证明文件、出厂合格证。

公安机关消防机构对消防安全检查的申请，应当按照行政许可有关规定受理。

第九条 对公众聚集场所投入使用、营业前进行消防安全检查，应当检查下列内容：

（一）建筑物或者场所是否依法通过消防验收合格或者进行竣工验收消防备案抽查合格；依法进行竣工验收消防备案但没有进行备案抽查的建筑物或者场所是否符合消防技术标准；

（二）消防安全制度、灭火和应急疏散预案是否制定；

2019
成都市市级机关安全运动会风采录
安全运动会
2019
成都市市级机关安全运动会

（三）自动消防系统操作人员是否持证上岗，员工是否经过岗前消防安全培训；

（四）消防设施、器材是否符合消防技术标准并完好有效；

（五）疏散通道、安全出口和消防车通道是否畅通；

（六）室内装修材料是否符合消防技术标准；

（七）外墙门窗上是否设置影响逃生和灭火救援的障碍物。

第十条 对单位履行法定消防安全职责情况的监督抽查，应当根据单位的实际情况检查下列内容：

（一）建筑物或者场所是否依法通过消防验收或者进行竣工验收消防备案，公众聚集场所是否通过投入使用、营业前的消防安全检查；

（二）建筑物或者场所的使用情况是否与消防验收或者进行竣工验收消防备案时确定的使用性质相符；

（三）消防安全制度、灭火和应急疏散预案是否制定；

（四）消防设施、器材和消防安全标志是否定期组织维修保养，是否完好有效；

（五）电器线路、燃气管路是否定期维护保养、检测；

（六）疏散通道、安全出口、消防车通道是否畅通，防火分区是否改变，防火间距是否被占用；

2019
成都市市级机关安全运动会风采录
群策群力 群防群治 安全机关 共建共享
2019
成都市市级机关安全运动会
安全技能闯关赛 | 百米定向竞技赛 | 事故应急处置赛 | 火灾救援接力赛
火灾救援接力赛

（七）是否组织防火检查、消防演练和员工消防安全教育培训，自动消防系统操作人员是否持证上岗；

（八）生产、储存、经营易燃易爆危险品的场所是否与居住场所设置在同一建筑物内；

（九）生产、储存、经营其他物品的场所与居住场所设置在同一建筑物内的，是否符合消防技术标准；

（十）其他依法需要检查的内容。

对人员密集场所还应当抽查室内装修材料是否符合消防技术标准、外墙门窗上是否设置影响逃生和灭火救援的障碍物。

第十一条 对消防安全重点单位履行法定消防安全职责情况的监督抽查，除检查本规定第十条规定的内容外，还应当检查下列内容：

（一）是否确定消防安全管理人；

（二）是否开展每日防火巡查并建立巡查记录；

（三）是否定期组织消防安全培训和消防演练；

（四）是否建立消防档案、确定消防安全重点部位。

对属于人员密集场所的消防安全重点单位，还应当检查单位灭火和应急疏散预案中承担灭火和组织疏散任务的人员是否确定。

第十二条 在大型群众性活动举办前对活动现场进行消防安全检查，应当重点检查下列内容：

成都市市级机关安全运动会

奖牌榜

一等奖

市政协办公厅、市妇联、市应急局、市委党校、市机关事务管理局

二等奖

市国资委、市大数据中心、市地志办、市退役军人局、市农业农村局

三等奖

市人社局、成都大学、市投促局、市人大常委会办公厅、市卫健委

（一）室内活动使用的建筑物（场所）是否依法通过消防验收或者进行竣工验收消防备案，公众聚集场所是否通过使用、营业前的消防安全检查；

（二）临时搭建的建筑物是否符合消防安全要求；

（三）是否制定灭火和应急疏散预案并组织演练；

（四）是否明确消防安全责任分工并确定消防安全管理人员；

（五）活动现场消防设施、器材是否配备齐全并完好有效；

（六）活动现场的疏散通道、安全出口和消防车通道是否畅通；

（七）活动现场的疏散指示标志和应急照明是否符合消防技术标准并完好有效。

第十三条 对大型的人员密集场所和其他特殊建设工程的施工现场进行消防监督检查，应当重点检查施工单位履行下列消防安全职责的情况：

（一）是否明确施工现场消防安全管理人员，是否制定施工现场消防安全制度、灭火和应急疏散预案；

（二）在建工程内是否设置人员住宿、可燃材料及易燃易爆危险品储存等场所；

（三）是否设置临时消防给水系统、临时消防应急照明，是否配备消防器材，并确保完好有效；

（四）是否设有消防车通道并畅通；

（五）是否组织员工消防安全教育培训和消防演练；

（六）施工现场人员宿舍、办公用房的建筑构件燃烧性能、安全疏散是否符合消防技术标准。

……

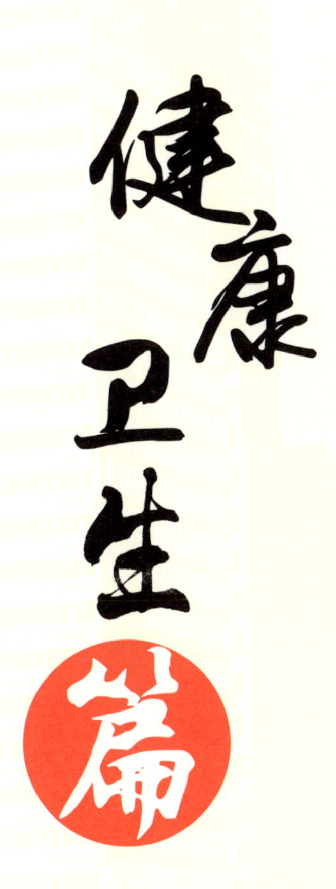
健康卫生篇

落实禁烟规定
建设安全机关

禁止吸烟
NO SMOKING

国务院关于实施健康中国行动的意见

各省、自治区、直辖市人民政府，国务院各部委、各直属机构：

人民健康是民族昌盛和国家富强的重要标志，预防是最经济最有效的健康策略。党中央、国务院发布《“健康中国2030”规划纲要》，提出了健康中国建设的目标和任务。党的十九大作出实施健康中国战略的重大决策部署，强调坚持预防为主，倡导健康文明生活方式，预防控制重大疾病。为加快推动从以治病为中心转变为以人民健康为中心，动员全社会落实预防为主方针，实施健康中国行动，提高全民健康水平，现提出以下意见。

一、行动背景

新中国成立后特别是改革开放以来，我国卫生健康事业获得了长足发展，居民主要健康指标总体优于中高收入国家平均水平。随着工业化、城镇化、人口老龄化进程加快，我国居民生产生活方式和疾病谱不断发生变化。心脑血管疾病、癌症、慢性呼吸系统疾病、糖尿病等慢性非传染性疾病导致的死亡人数占总死亡人数的88%，导致的疾病负担占疾病总负担的70%以上。居民健康知识知晓率偏低，吸烟、过量饮酒、缺乏锻炼、不合理膳食等不健康生活方式比较普遍，由此引起的疾病问题日益突出。肝炎、结核病、艾滋病等重大传染病防控形势仍然严峻，精神卫生、职业健康、地方病等方面问题不容忽视。

为坚持预防为主，把预防摆在更加突出的位置，积极有效应对当前突出健康问题，必须关口前移，采取有效干预措施，细化落实《“健康中国2030”规划纲要》对普及健康生活、优化健康服务、建设健康环境等部署，聚焦当前和今后一段时期内影响人民健康的重大疾病和突出问题，实施疾病预防和健康促进的中长期行动，健全全社会落实预防为主的制度体系，持之以恒加以推进，努力使群众不生病、少生病，提高生活质量。

二、总体要求

（一）指导思想。以习近平新时代中国特色社会主义思想为指导，全面贯彻党的十九大和十九届二中、三中全会精神，坚持以人民为中心的发展思想，坚持改革创新，贯彻新时代卫生与健康工作方针，强化政府、社会、个人责任，加快推动卫生健康工作理念、服务方式从以治病为中心转变为以人民健康为中心，建立健全健康教育体系，普及健康知识，引导群众建立正确健康观，加强早期干预，形成有利于健康的生活方式、生态环境和社会环境，延长健康寿命，为全方位全周期保障人民健康、建设健康中国奠定坚实基础。

（二）基本原则。

普及知识、提升素养。把提升健康素养作为增进全民健康的前提，根据不同人群特点有针对性地加强健康教育与促进，让健康知识、行为和技能成为全民普遍具备的素质和能力，实现健康素养人人有。

自主自律、健康生活。倡导每个人是自己健康第一责任人的理念，激发居民热爱健康、追求健康的热情，养成符合自身和家庭特点的健康生活方式，合理膳食、科学运动、戒烟限酒、心理平衡，实现健康生活少生病。

早期干预、完善服务。对主要健康问题及影响因素尽早采取有效干预措施，完善防治策略，推动健康服务供给侧结构性改革，提供系统连续的预防、治疗、康复、健康促进一体化服务，加强医疗保障政策与健康服务的衔接，实现早诊早治早康复。

全民参与、共建共享。强化跨部门协作，鼓励和引导单位、社区（村）、家庭和个人行动起来，形成政府积极主导、社会广泛动员、人人尽责尽力的良好局面，实现健康中国行动齐参与。

（三）总体目标。

到2022年，健康促进政策体系基本建立，全民健康素养水平稳步提高，健康生活方式加快推广，重大慢性病发病率上升趋势得到遏制，重点传染病、严重精神障碍、地方病、职业病得到有效防控，致残和死亡风险逐步降低，重点人群健康状况显著改善。

到2030年，全民健康素养水平大幅提升，健康生活方式基本普及，居民主要健康影响因素得到有效控制，因重大慢性病导致的过早死亡率明显降低，人均健康预期寿命得到较大提高，居民主要健康指标水平进入高收入国家行列，健康公平基本实现。

三、主要任务

（一）全方位干预健康影响因素。

1.实施健康知识普及行动。维护健康需要掌握健康知识。面向家庭和个人普及预防疾病、早期发现、紧急救援、及时就医、合理用药等维护健康的知识与技能。建立并完善健康科普专家库和资源库，构建健康科普知识发布和传播机制。强化医疗卫生机构和医务人员开展健康促进与教育的激励约束。鼓励各级电台电视台和其他媒体开办优质健康科普节目。到2022年和2030年，全国居民健康素养水平分别不低于22%和30%。

2.实施合理膳食行动。合理膳食是健康的基础。针对一般人群、特定人群和家庭，聚焦食堂、餐厅等场所，加强营养和膳食指导。鼓励全社会参与减盐、减油、减糖，研究完善盐、油、糖包装标准。修订预包装食品营养标签通则，推进食品营养标准体系建设。实施贫困地区重点人群营养干预。到2022年和2030年，成人肥胖增长率持续减缓，5岁以下儿童生长迟缓率分别低于7%和5%。

3.实施全民健身行动。生命在于运动，运动需要科学。为不同人群提供针对性的运动健身方案或运动指导服务。努力打造百姓身边健身组织和“15分钟健身圈”。推进公共体育设施免费或低收费开放。推动形成体医结合的疾病管理和健康服务模式。把高校学生体质健康状况纳入对高校的考核评价。到2022年和2030年，城乡居民达到《国民体质测定标准》合格以上的人数比例分别不少于90.86%和92.17%，经常参加体育锻炼人数比例达到37%及以上和40%及以上。

4.实施控烟行动。吸烟严重危害人民健康。推动个人和家庭充分了解吸烟和二手烟暴露的严重危害。鼓励领导干部、医务人员和教师发挥控烟引领作用。把各级党政机关建设成无烟机关。研究利用税收、价格调节等综合手段，提高控烟成效。完善卷烟包装烟草危害警示内容和形式。到2022年和2030年，全面无烟法规保护的人口比例分别达到30%及以上和80%及以上。

5.实施心理健康促进行动。心理健康是健康的重要组成部分。通过心理健康教育、咨询、治疗、危机干预等方式，引导公众科学缓解压力，正确认识和应对常见精神障碍及心理行为问题。健全社会心理服务网络，加强心理健康人才培养。建立精神卫生综合管理机制，完善精神障碍社区康复服务。到2022年和2030年，居民心理健康素养水平提升到20%和30%，心理相关疾病发生的上升趋势减缓。

6.实施健康环境促进行动。良好的环境是健康的保障。向公众、家庭、单位（企业）普及环境与健康相关的防护和应对知识。推进大气、水、土壤污染防治。推进健康城市、健康村镇建设。建立环境与健康的调查、监测和风险评估制度。采取有效措施预防控制环境污染相关疾病、道路交通伤害、消费品质量安全事故等。到2022年和2030年，居民饮用水水质达标情况明显改善，并持续改善。

（二）维护全生命周期健康。

7.实施妇幼健康促进行动。孕产期和婴幼儿时期是生命的起点。针对婚前、孕前、孕期、儿童等阶段特点，积极引导家庭科学孕育和养育健康新生命，健全出生缺陷防治体系。加强儿童早期发展服务，完善婴幼儿照护服务和残疾儿童康复救助制度。促进生殖健康，推进农村妇女宫颈癌和乳腺癌检查。到2022年和2030年，婴儿死亡率分别控制在7.5‰及以下和5‰及以下，孕产妇死亡率分别下降到18/10万及以下和12/10万及以下。

8.实施中小学健康促进行动。中小学生处于成长发育的关键阶段。动员家庭、学校和社会共同维护中小学生身心健康。引导学生从小养成健康生活习惯，锻炼健康体魄，预防近视、肥胖等疾病。中小学校按规定开齐开足体育与健康课程。

把学生体质健康状况纳入对学校的绩效考核，结合学生年龄特点，以多种方式对学生健康知识进行考试考查，将体育纳入高中学业水平测试。到2022年和2030年，国家学生体质健康标准达标优良率分别达到50%及以上和60%及以上，全国儿童青少年总体近视率力争每年降低0.5个百分点以上，新发近视率明显下降。

9.实施职业健康保护行动。劳动者依法享有职业健康保护的权利。针对不同职业人群，倡导健康工作方式，落实用人单位主体责任和政府监管责任，预防和控制职业病危害。完善职业病防治法规标准体系。鼓励用人单位开展职工健康管理。加强尘肺病等职业病救治保障。到2022年和2030年，接尘工龄不足5年的劳动者新发尘肺病报告例数占年度报告总例数的比例实现明显下降，并持续下降。

10.实施老年健康促进行动。老年人健康快乐是社会文明进步的重要标志。面向老年人普及膳食营养、体育锻炼、定期体检、健康管理、心理健康以及合理用药等知识。健全老年健康服务体系，完善居家和社区养老政策，推进医养结合，探索长期护理保险制度，打造老年宜居环境，实现健康老龄化。到2022年和2030年，65至74岁老年人失能发生率有所下降，65岁及以上人群老年期痴呆患病率增速下降。

（三）防控重大疾病。

11.实施心脑血管疾病防治行动。心脑血管疾病是我国居民第一位死亡原因。引导居民学习掌握心肺复苏等自救互救知识技能。对高危人群和患者开展生活方式指导。全面落实35岁以上人群首诊测血压制度，加强高血压、高血糖、血脂异常的规范管理。提高院前急救、静脉溶栓、动脉取栓等应急处置能力。到2022年和2030年，心脑血管疾病死亡率分别下降到209.7/10万及以下和190.7/10万及以下。

12.实施癌症防治行动。癌症严重影响人民健康。倡导积极预防癌症，推进早筛查、早诊断、早治疗，降低癌症发病率和死亡率，提高患者生存质量。有序扩大癌症筛查范围。推广应用常见癌症诊疗规范。提升中西部地区及基层癌症诊疗能力。加强癌症防治科技攻关。加快临床急需药物审评审批。到2022年和2030年，总体癌症5年生存率分别不低于43.3%和46.6%。

13.实施慢性呼吸系统疾病防治行动。慢性呼吸系统疾病严重影响患者生活质量。引导重点人群早期发现疾病，控制危险因素，预防疾病发生发展。探索高危人群首诊测量肺功能、40岁及以上人群体检检测肺功能。加强慢阻肺患者健康管理，提高基层医疗卫生机构肺功能检查能力。到2022年和2030年，70岁及以下人群慢性呼吸系统疾病死亡率下降到9/10万及以下和8.1/10万及以下。

14.实施糖尿病防治行动。我国是糖尿病患病率增长最快的国家之一。提示居民关注血糖水平，引导糖尿病前期人群科学降低发病风险，指导糖尿病患者加强健康管理，延迟或预防糖尿病的发生发展。加强对糖尿病患者和高危人群的健康管理，促进基层糖尿病及并发症筛查标准化和诊疗规范化。到2022年和2030年，糖尿病患者规范管理率分别达到60%及以上和70%及以上。

15.实施传染病及地方病防控行动。传染病和地方病是重大公共卫生问题。引导居民提高自我防范意识，讲究个人卫生，预防疾病。充分认识疫苗对预防疾病的重要作用。倡导高危人群在流感流行季节前接种流感疫苗。加强艾滋病、病毒性肝炎、结核病等重大传染病防控，努力控制和降低传染病流行水平。强化寄生虫病、饮水型燃煤型氟砷中毒、大骨节病、氟骨症等地方病防治，控制和消除重点地方病。到2022年和2030年，以乡（镇、街道）为单位，适龄儿童免疫规划疫苗接种率保持在90%以上。

四、组织实施

（一）加强组织领导。国家层面成立健康中国行动推进委员会，制定印发《健康中国行动（2019—2030年）》，细化上述15个专项行动的目标、指标、任务和职责分工，统筹指导各地区各相关部门加强协作，研究疾病的综合防治策略，做好监测考核。要根据医学进步和相关技术发展等情况，适时组织修订完善《健康中国行动（2019—2030年）》内容。各地区要结合实际健全领导推进工作机制，研究制定实施方案，逐项抓好任务落实。各相关部门要按照职责分工，将预防为主、防病在先融入各项政策举措中，研究具体政策措施，推动落实重点任务。

（二）动员各方广泛参与。凝聚全社会力量，形成健康促进的强大合力。鼓励个人和家庭积极参与健康中国行动，落实个人健康责任，养成健康生活方式。各单位特别是各学校、各社区（村）要充分挖掘和利用自身资源，积极开展健康细胞工程建设，创造健康支持性环境。鼓励企业研发生产符合健康需求的产品，增加健康产品供给，国有企业特别是中央企业要作出表率。鼓励社会捐资，依托社会力量依法成立健康中国行动基金会，形成资金来源多元化的保障机制。鼓励金融机构创新健康类产品和服务。卫生健康相关行业学会、协会和群团组织以及其他社会组织要充分发挥作用，指导、组织健康促进和健康科普工作。

（三）健全支撑体系。加强公共卫生体系建设和人才培养，提高疾病防治和应急处置能力。加强财政支持，强化资金统筹，优化资源配置，提高基本公共卫生服务项目、重大公共卫生服务项目资金使用的针对性和有效性。加强科技支撑，开展一批影响健康因素和疑难重症诊疗攻关重大课题研究，国家科技重大专项、重点研发计划要给予支持。完善相关法律法规体系，开展健康政策审查，保障各项任务落实和目标实现。强化信息支撑，推动部门和区域间共享健康相关信息。

（四）注重宣传引导。采取多种形式，强化舆论宣传，及时发布政策解读，回应社会关切。设立健康中国行动专题网站，大力宣传实施健康中国行动、促进全民健康的重大意义、目标任务和重大举措。编制群众喜闻乐见的解读材料和文艺作品，以有效方式引导群众了解和掌握必备健康知识，践行健康生活方式。加强科学引导和典型报道，增强社会的普遍认知，营造良好的社会氛围。

国务院

2019年6月24日

落实禁烟规定
建设安全机关

各级领导干部要充分认识带头在公共场所禁烟的重要意义，模范遵守公共场所禁烟规定，以实际行动作出表率，自觉维护法规制度权威，自觉维护党政机关和领导干部形象。

——中共中央办公厅 国务院办公厅《关于领导干部带头在公共场所禁烟有关事项的通知》(节选)

关于领导干部带头在公共场所禁烟有关事项的通知（2013年12月29日）

我国《公共场所卫生管理条例实施细则》等对公共场所禁止吸烟作出了明确规定，一些部门和地方也制定了相关规章规定和地方性法规。近年来，通过各方共同努力，公共场所禁烟工作取得积极进展。但也要看到，在公共场所吸烟的现象仍较普遍，特别是少数领导干部在公共场所吸烟，不仅危害公共环境和公众健康，而且损害党政机关和领导干部形象，造成不良影响。为进一步做好公共场所禁烟控烟工作，经中央领导同志同意，现就领导干部带头在公共场所禁烟有关事项通知如下。

一、各级领导干部要充分认识带头在公共场所禁烟的重要意义，模范遵守公共场所禁烟规定，以实际行动作出表率，自觉维护法规制度权威，自觉维护党政机关和领导干部形象。

二、各级领导干部不得在学校、医院、体育场馆、公共文化场馆、公共交通工具等禁止吸烟的公共场所吸烟，在其他有禁止吸烟标识的公共场所要带头不吸烟。同时，要积极做好禁烟控烟宣传教育和引导工作，督促公共场所经营者设置醒目的禁止吸烟警语和标志，及时劝阻和制止他人违规在公共场所吸烟。

三、各级党政机关公务活动中严禁吸烟。公务活动承办单位不得提供烟草制品，公务活动参加人员不得吸烟、敬烟、劝烟。要严格监督管理，严禁使用或变相使用公款支付烟草消费开支。

落实禁烟规定
建设安全机关

各级领导干部不得在学校、医院、体育场馆、公共文化场馆、公共交通工具等禁止吸烟的公共场所吸烟，在其他有禁止吸烟标识的公共场所要带头不吸烟。

——中共中央办公厅 国务院办公厅《关于领导干部带头在公共场所禁烟有关事项的通知》(节选)

四、要把各级党政机关建成无烟机关。机关内部禁止销售或提供烟草制品，禁止烟草广告，公共办公场所禁止吸烟，传达室、会议室、楼道、食堂、洗手间等场所要张贴醒目的禁烟标识。各级党政机关要动员本单位职工控烟，鼓励吸烟职工戒烟。卫生、宣传等有关部门和单位要广泛动员各方力量，深入开展形式多样的禁烟控烟宣传教育活动，在全社会形成禁烟控烟的良好氛围。

五、各级领导干部要主动接受群众监督和舆论监督。各级党政机关要加强监督检查，对违反规定在公共场所吸烟的领导干部，要给予批评教育，造成恶劣影响的，要依纪依法严肃处理。

落实禁烟规定
建设安全机关

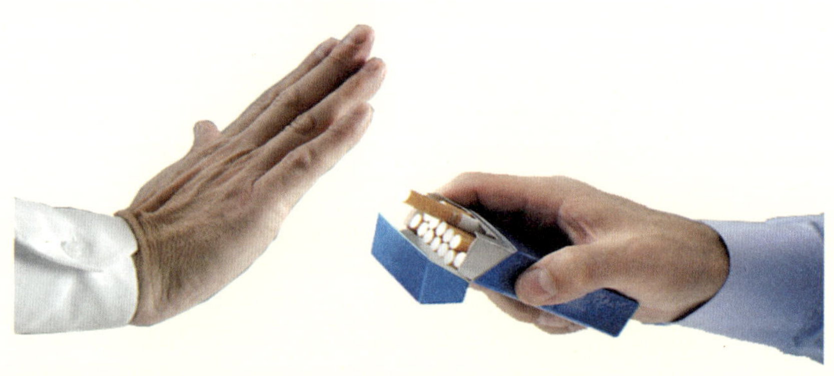

各级党政机关公务活动中严禁吸烟。公务活动承办单位不得提供烟草制品，公务活动参加人员不得吸烟、敬烟、劝烟。

——中共中央办公厅 国务院办公厅《关于领导干部带头在公共场所禁烟有关事项的通知》(节选)

公共场所控制吸烟条例（征求意见稿）（节选）

第二章 禁止吸烟的范围和措施

第十条 所有室内公共场所一律禁止吸烟。

第十一条 下列公共场所的室外区域全面禁止吸烟：

（一）托幼机构、儿童福利机构、学校、活动中心、教育培训机构等以未成年人为主要活动人群的公共场所的室外区域；

（二）高等学校的室外教学区域；

（三）妇幼保健机构、儿童医院、妇产医院的室外区域；

（四）体育、健身场馆的室外观众坐席、赛场区域；

（五）公共交通工具的室外等候区域；

（六）法律、法规规定的其他禁止吸烟的室外场所。

第十二条 下列公共场所的室外区域可以设立吸烟点，吸烟点以外的区域禁止吸烟。没有设立吸烟点的公共场所室外区域属于全面禁止吸烟的场所：

（一）除妇幼保健机构、儿童医院、妇产医院以外的其他医疗卫生机构、计划生育技术服务机构和养老机构的室外区域；

（二）除儿童福利机构以外的其他社会福利机构的室外区域；

（三）风景名胜区、文物保护单位、公园、游乐园的室外区域；

（四）法律、法规规定的其他可以设置吸烟点的室外场所。

落实禁烟规定 建设安全机关

要把各级党政机关建成无烟机关。各级党政机关要动员本单位职工控烟，鼓励吸烟职工戒烟。

——中共中央办公厅 国务院办公厅《关于领导干部带头在公共场所禁烟有关事项的通知》(节选)

第十三条 室外设置吸烟点，应当符合下列要求：

（一）符合消防安全标准；

（二）设置明显的引导标识；

（三）远离通风口、人员密集区域和行人必经通道；

（四）在显著位置设置醒目的吸烟危害健康警示标识或者图片。

第十四条 各级人民政府对举办公众活动的场所，可以规定临时的禁止吸烟措施和范围。

第十五条 任何人不得在禁止吸烟场所吸烟和索要烟具，自觉听从劝阻；在非禁止吸烟场所吸烟应当合理避让不吸烟者，不乱弹烟灰，不乱扔烟头。

在禁止吸烟的经营场所内吸烟，因不听劝阻而被要求离开该场所的，无权向经营者索回已经消费的费用；已经接受服务但未支付费用的，应当支付费用。

第十六条 禁止吸烟场所（区域）的经营者、管理者应当履行下列控制吸烟职责：

（一）建立控制吸烟的管理制度，配备监督员，做好控制吸烟宣传教育和监督管理工作；

（二）在禁止吸烟场所（区域）的入口处及其他显著位置设置符合本条例第十八条要求的禁烟标识，保持标识完整、清晰；

（三）在禁止吸烟场所（区域）不得放置烟具和设置烟草广告；

落实禁烟规定
建设安全机关

国家机关提供公共服务的办事场所室内区域禁止吸烟。

——《四川省公共场所卫生管理办法》

（四）对违法吸烟行为予以劝阻，对不听劝阻的要求其离开。对不听劝阻且不离开的，向有关监督管理部门举报；对不听劝阻并扰乱公共秩序的，向公安机关报案。

鼓励场所经营者、管理者采用烟雾报警、浓度监测、视频图像采集等技术手段，加强对本场所的管理。

第十七条 个人在禁止吸烟场所（区域）内发现吸烟行为及其他违反本条例行为的，可以采取以下措施：

（一）要求吸烟者立即停止吸烟；

（二）要求该场所的经营者或者管理者进行劝阻；

（三）向监督管理部门举报不履行控制吸烟职责的经营者或者管理者。

第十八条 禁烟标识应当大而清晰，至少包括禁止吸烟的图形警示标识、违法吸烟的罚款数额、投诉举报的电话号码等内容。

国务院卫生计生行政部门负责制定禁烟标识及其张贴规范。

落实禁烟规定
建设安全机关

禁止吸烟公共场所单位应当履行下列职责：

(一)建立禁烟管理制度，做好禁烟宣传教育工作；

(二)在醒目位置设置禁止吸烟标识和监管部门电话；

(三)不得设置与吸烟有关的器具；

(四)采取有效措施阻止吸烟者吸烟或者劝其离开该场所。对不听劝阻的吸烟行为可以采取合法方式进行取证，并及时向监督管理部门举报。

——《四川省公共场所卫生管理办法》

成都市人民政府关于推进健康成都行动的实施意见（节选）

……

一、总体要求

以习近平新时代中国特色社会主义思想为指导，坚持以人民为中心，坚持健康优先、共建共享、将健康融入所有政策，贯彻新时代卫生与健康工作方针，全方位干预健康影响因素，全周期维护身体健康，全面防控重大疾病，努力优化健康服务，为成都市经济社会和谐发展奠定坚实的健康基础。

到2022年，人均期望寿命超过81.7岁，居民主要健康指标达到世界发达国家水平；到2030年，人均期望寿命超过82.9岁，居民主要健康指标保持世界发达国家水平。

二、主要任务

（一）全方位干预健康影响因素

1．实施健康知识普及行动。构建健康科普知识发布和传播机制，建设云平台，建立健康科普专家库。健全医疗机构开展健康促进与教育的激励约束机制。实施全市居民健康素养监测。逐步实现健康促进区（市）县全覆盖。“健康成都”战略纳入干部培训体系。［市卫健委；市文广旅局，各区（市）县政府（分号前为牵头单位，分号后为责任单位，下同）］

2．实施合理膳食行动。贯彻实施国民营养计划。开展居民营养与健康状况监测。开展重点人群营养干预。全社会参与减盐、减油、减糖活动。鼓励企业改良豆瓣、火锅、川菜等生产工艺，开发健康食品。开展健康食堂、健康餐厅创建活动。每万人配备1名营养指导员。［市卫健委；市经信局、市教育局、市农业农村局、市商务局、市市场监管局，各区（市）县政府］

烟头虽小
祸患无穷

3．实施全民健身行动。培育休闲运动新潮流，打造“运动成都”品牌，开展“天府绿道健康行”“社区运动节”等主题活动。创建全民运动健身模范市。搭建体育公共服务平台，提高场馆设施综合利用、维护保养和开放服务水平。加大体质监测和社会体育指导员培训力度。社区（村）体育设施覆盖率逐步达到100%。[市体育局；市发改委、市教育局、市卫健委、市总工会，各区（市）县政府]

4．实施控烟行动。推动修订公共场所控烟法规。建立戒烟服务体系，强化控烟宣传引导，严格公共场所控烟监督管理，设置戒烟门诊。定期开展烟草流行监测。将各级党政机关、公立医院、中小学校建成“无烟单位”。[市卫健委；市教育局、市司法局、市文广旅局、市市场监管局、市机关事务局、市烟草专卖局，各区（市）县政府]

5．实施心理健康促进行动。加强严重精神障碍救治和管理，二级以上综合医院均开设精神科（心理卫生科），社区卫生服务中心和乡镇卫生院均能提供精神卫生康复服务。进一步完善心理健康宣教、心理援助的绿色通道。坚持心理健康素养监测。推进市精神卫生中心建设项目。[市卫健委；市发改委、市教育局、市财政局、市规划和自然资源局、市公安局，各区（市）县政府]

6．实施健康环境促进行动。开展爱国卫生运动，推进健康城市、镇村创建。持续改善环境质量，打好大气、水、土壤污染防治“三大战役”。开展环境与健康管理工作，加强风险评估和防护干预。推进城乡环境治理，全市生活垃圾分类覆盖率达90%以上。保障食品等消费品安全，促进道路交通安全，维护公共室（车）内安全。[市卫健委；市公安局、市规划和自然资源局、市生态环境局、市城管委、市交通运输局、市水务局、市市场监管局，各区（市）县政府]

一封机关工作人员的来信

中共中央办公厅、国务院办公厅《关于领导干部带头在公共场所禁烟有关事项的通知》印发以来，市级机关广大干部职工积极响应、自觉遵守，营造了办公区禁烟控烟的良好氛围。近期，一位市级机关工作人员写信对机关禁烟控烟工作提出意见建议，我们应当引起重视、认真反思，并以实际行动积极参与机关禁烟控烟工作。

我是市政府第三办公区的一名机关工作人员，工作几年来，一直觉得办公区吸烟现象普遍，平时和一些不抽烟的同事沟通，大家都认为办公区域应当禁烟，一方面可以保障员工健康，改善工作环境；另一方面可在一定程度上防范火灾事故的发生。因此，希望政府部门能够引起重视，通过发布正式禁烟公告、增设吸烟室等途径来加以改善。

谢谢！

成都市长信箱办理转办单

工单编号：

派单单位：	市网络理政办	交办次序：	初次交办
办理性质：	主办	办理期限：	2019-05-24 23:59:00
来信人：		联系电话：	
联系地址：			
来信主题：	办公区域吸烟问题		
来信内容： 书记您好，我是一名市政府第三办公区的机关工作人员，工作几年以来，一直觉得办公区吸烟现象普遍，平时和一些不抽烟的同事沟通，大家都认为办公区域应当禁烟，一方面保障员工健康、改善工作环境；另一方面可在一定程度上防范火灾事故的发生，因此希望政府部门能够引起重视，通过发布正式禁烟公告、增设吸烟室等途径来加以改善，谢谢！			
承办处（科）室：		经办人：	
办理结论（可另附页）：			
签批意见：		审核意见：	
备注：			

7．实施健康社区建设行动。开展健康主题社区建设。社区设立公共卫生委员会，做实联防联控基础。建设食品、交通安全社区。开展综合减灾示范社区创建。营造健康餐饮、医疗保健、体育健身、托幼养老等服务场景。培育健康社区社会组织、社会企业、专业社工和志愿者队伍。［市委社治委；市发改委、市公安局、市民政局、市生态环境局、市住建局、市城管委、市卫健委、市应急局、市市场监管局、市体育局、团市委，各区（市）县政府］

（二）维护全生命周期健康

8．实施妇幼健康促进行动。全面推进整合型妇儿体系建设，完善覆盖孕前、孕期、新生儿各阶段的出生缺陷三级防治服务体系，提高妇产儿科危急重症救治中心能力，推动高危孕产妇分色分级管理向产后随访延伸。区（市）县妇幼保健院均达到三级水平。每个镇（街道）普惠性婴幼儿照护服务机构不少于1家，每千人口不少于8个托位。［市卫健委；市发改委、市财政局、市规划和自然资源局、市妇联、市残联，各区（市）县政府］

9．实施学校健康促进行动。加强学校传染病防控和营养健康干预工作。开展儿童口腔疾病综合干预。落实儿童青少年近视综合防控“八大行动”，确保全市儿童青少年总体近视率每年降低0.5个百分点。开齐开足体育与健康教育课程，把学生体质健康纳入对学校的考核。实施教室采光照明和课桌椅达标工程。加强中小学卫生保健机构建设。完善健康副校长工作机制，将健康知识纳入教师入职教育和继续教育培训内容。［市教育局；市卫健委、市体育局，各区（市）县政府］

关爱身边的她

10．实施职业健康保护行动。完善职业健康管理体系，开展基层监督协管服务。各区（市）县至少有1个职业健康检查机构，各疾控中心取得职业卫生技术服务资质。查处职业健康违法行为。开展重点职业病监测和重点行业职业病危害专项治理。推动集体合同签订，逐步实现工伤保险全覆盖。实施尘肺病患者救治救助。开展“健康企业”创建活动。［市卫健委；市经信局、市民政局、市人社局、市应急局、市医保局、市总工会，各区（市）县政府］

11．实施老年健康促进行动。建成老年失能失智评估与干预中心、阿尔茨海默症治疗中心。推进镇卫生院、养老院“两院一体”发展。建立以社区服务为依托的居家养老机制，基层医疗卫生机构为居家失能老人提供上门巡诊、家庭病床等服务。提高长期护理保险覆盖面。健全老年护理人员培训体系。建成市五医院老年病院区，建设一批以老年常见病、多发病、重难性疾病预防、诊断、治疗、康养为一体的医养结合项目。推进居家和社区适老化改造，支持适老住宅建设。［市卫健委；市发改委、市民政局、市财政局、市住建局、市医保局，各区（市）县政府］

12．实施中医治未病行动。健全三级治未病服务体系，二级及以上中医医院100%设立治未病科，基层医疗机构提供治未病服务。推广中医治未病干预方案。在疾病预防、诊断、治疗、康复中大力推广应用中医适宜技术。推动中医药参与家庭医生签约服务。促进中医治未病与养老、旅游等产业融合发展。［市卫健委；市发改委、市科技局、市财政局、市规划和自然资源局、市农业农村局、市文广旅局、市市场监管局，各区（市）县政府］

关怀未来的他（她）

（三）防控重大疾病

13．实施心脑血管疾病防治行动。开展慢性病危险因素监测。向市民提供心脑血管疾病风险评估、综合干预等服务。开展高危人群筛查，落实18岁以上人群首诊测血压制度。推进“三高”（高血压、高血糖、高血脂）共管。规范卒中中心、胸痛中心建设与管理。机场、车站、商场等重点公共场所配备急救设施设备[如自动体外除颤器（AED）]，开展急救培训。[市卫健委；市财政局、市交通运输局、市市场监管局、市红十字会，各区（市）县政府]

14．实施癌症防治行动。制定筛查与早诊早治指南，加强重点癌症临床机会性筛查，重点癌种早诊率达到30%及以上。落实常见癌症诊疗规范和临床路径。完善康复指导、疼痛管理，加强长期护理、营养和心理支持，推进安宁疗护。完善死因监测系统及肿瘤登记报告制度。完善癌症诊疗医保和救助政策，提高抗癌药物可及性。加强癌症防治科技攻关。[市卫健委；市科技局、市民政局、市财政局、市医保局、市总工会、市妇联，各区（市）县政府]

15．实施慢性呼吸系统疾病防治行动。推行高危人群首诊测量肺功能，将肺功能检查纳入40岁以上人群常规体检。规范慢性呼吸系统疾病诊疗技术。建立慢阻肺分级诊疗、双向转诊制度。推行慢阻肺社区健康管理标准化服务，提供全程健康管理。推动将慢阻肺、哮喘门诊治疗费纳入医保支付范围。继续实施老年人肺炎疫苗接种补助政策，实施重点人群流感疫苗接种补助政策。[市卫健委；市科技局、市财政局、市医保局，各区（市）县政府]

世界厕所日

2019.11.19

人人关心环境质量 人人参与保护环境

爱护公共设施 是你我的责任

公共卫生洁净

拥有美丽心情

—维护公共环境，共同建设我们美好家园—

爱护公物，文明如厕。
贴近文明，靠近方便。

16．实施糖尿病防治行动。开展糖尿病危险因素监测，倡导合理膳食和适量运动。开展糖尿病高危人群筛查。推进患者自我管理。规范基层糖尿病健康管理流程，提升糖尿病诊治同质化水平。探索糖尿病中西医结合防治新模式，支持糖尿病防治技术研究创新。[市卫健委；市财政局、市体育局，各区（市）县政府]

17．实施传染病及地方病防控行动。加强鼠疫、霍乱、新冠肺炎等重点及新发传染病疫情监测处置。提升病原微生物甄别检测能力，打造病原体基因测序技术平台。推进疫苗冷链和免疫信息系统建设，加强预防接种规范化管理。完善艾滋病防治体系，实行感染者的基层标准化随访。维持无脊灰状态、疟疾和血吸虫病消除状态，消除碘缺乏病。加强犬只管理，做好狂犬病防控。综合实施病媒生物防制。[市卫健委；市教育局、市公安局、市财政局、市市场监管局、市医保局，各区（市）县政府]

18．实施口腔健康促进行动。普及口腔健康知识，减少"糖"摄入量。实施覆盖全生命周期的口腔健康管理和干预机制。推行口腔适宜技术，提升口腔医疗服务质量。开展口腔健康监测，加强数据分析和运用。促进口腔健康服务业优质发展，健康制造业创新升级。[市卫健委；市经信局，各区（市）县政府]

（四）优化健康服务

19．实施公共卫生提升行动。完善重大疫情防控体制机制，健全公共卫生应急管理体系。强化紧急医学救援、卫生应急处置、联防联控、公共卫生社区治理和舆情引导与宣传能力。强化疾控体系建设，高标准建设市疾控中心，区（市）县疾控机构达到三级乙等，建设成都市预防医学研究院，提高监测预警能力，全面提升疾病防控"一锤定音"能力。加强智慧卫监建设。加强信息化保障。[市卫健委；市发改委、市经信局、市财政局、市规划和自然资源局、市住建局、市应急局，各区（市）县政府]

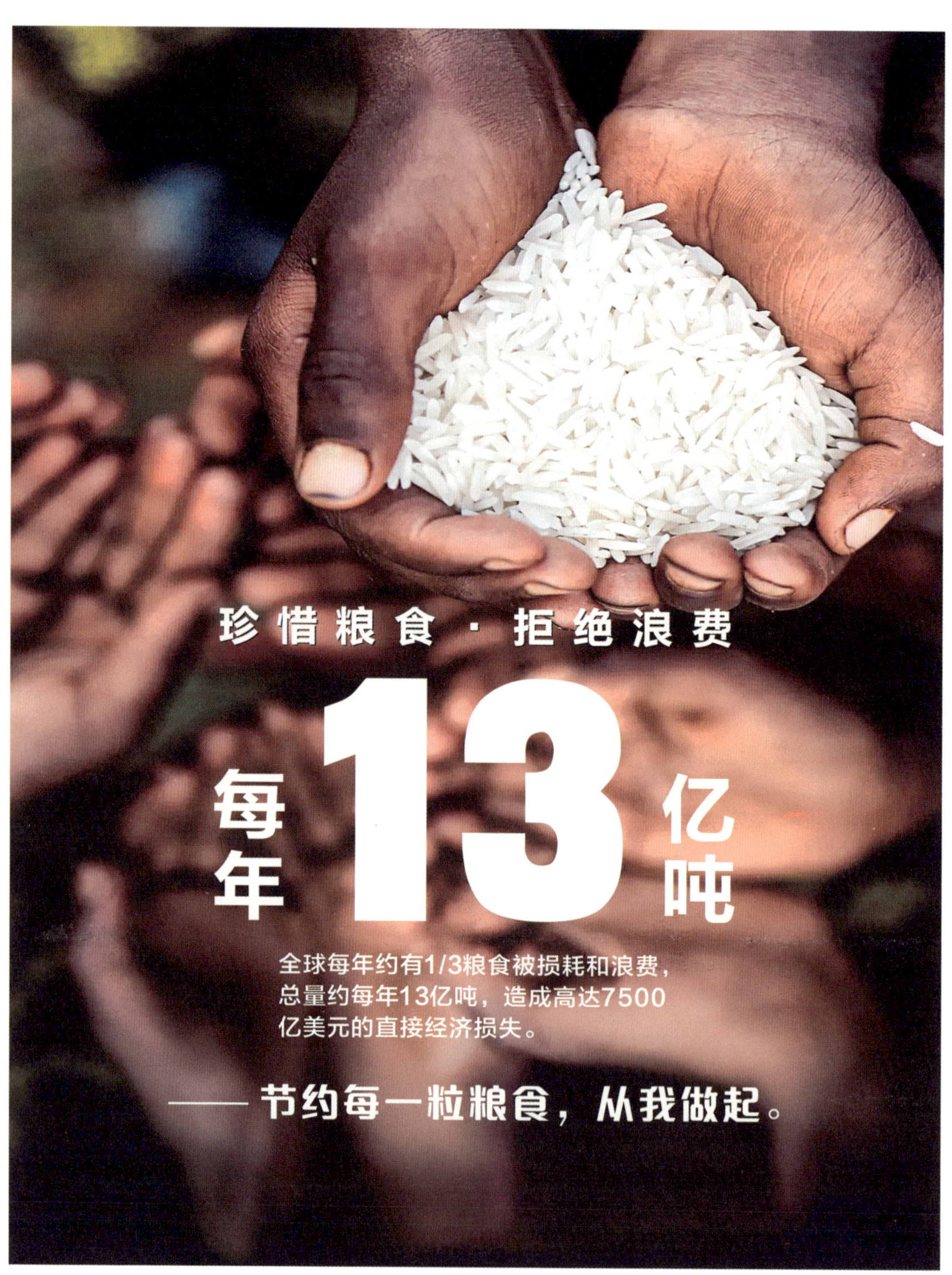
珍惜粮食·拒绝浪费
每年13亿吨
全球每年约有1/3粮食被损耗和浪费，
总量约每年13亿吨，造成高达7500
亿美元的直接经济损失。
——节约每一粒粮食，从我做起。

20. 实施医疗服务提升行动。大力推动国家、省级医学中心和区域医疗中心建设，建成10个在全国有一定影响力的高水平临床重点专科。大力提升感染性疾病、重症、口腔、麻醉、精准、灾害、老年、肿瘤等医学诊疗水平。到2030年，所有区（市）县实现中医医院、三级妇幼保健院、三甲综合医院全覆盖。继续实施基层医疗卫生机构提升工程，加强基层医疗服务和公共服务两轮驱动。继续实施分级诊疗，深化紧密型医联体内涵建设。全面建立健全现代医院管理制度，提高医院运营水平。推动民营医疗机构升等升级。［市卫健委；市发改委、市财政局、市科技局、市人社局、市规划和自然资源局、市住建局、市医保局，各区（市）县政府］

21. 实施国际医疗中心建设行动。以成都天府国际生物城、天府中药城、成都医学城、华西大健康产业功能区等为依托，着力打造以"互联网+"、AI、5G等新技术为基础的医疗服务新产品，形成面向"一带一路"建设的国际医疗新消费场景。引进一批国际医疗品牌，引入国际医疗服务标准、人才、技术、金融和保险，保持医疗技术同步、服务同质。开展国际交流和人才培训，提升现有医疗机构国际医疗服务能力。［市卫健委；市政府外办、市发改委、市经信局、市科技局、市财政局、市人社局、市规划和自然资源局、市住建局、市市场监管局、市医保局，各区（市）县政府］

四、组织保障

（一）加强组织领导。成立健康成都行动推进委员会（以下简称推进委员会），统筹推进组织实施、监测和考核相关工作。办公室设在市卫健委，承担日常工作。推进委员会下设行动工作组，负责专项行动的具体实施和考核评估工作。

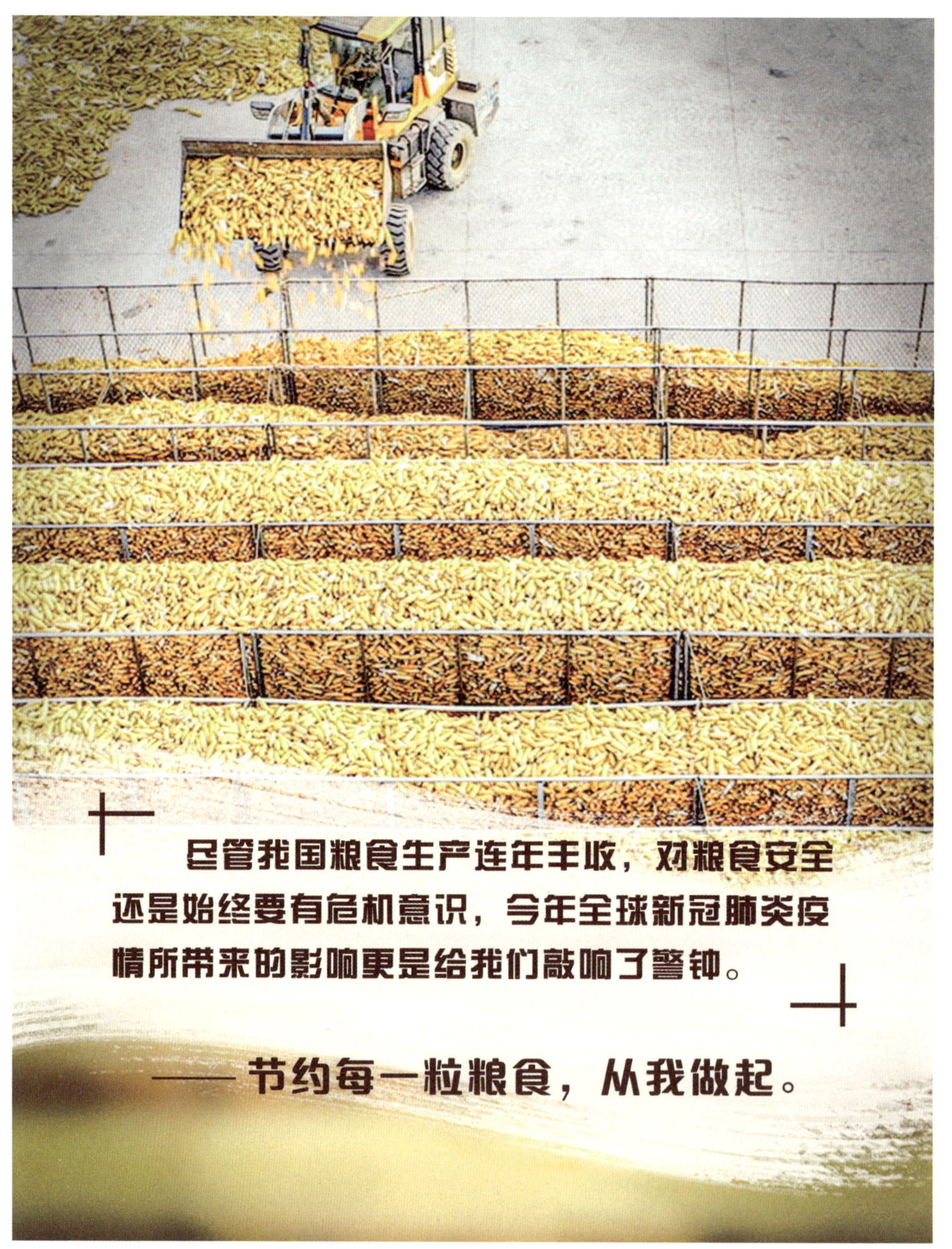
尽管我国粮食生产连年丰收，对粮食安全还是始终要有危机意识，今年全球新冠肺炎疫情所带来的影响更是给我们敲响了警钟。
——节约每一粒粮食，从我做起。

（二）强化部门职责。卫生健康、教育、体育等部门要发挥好牵头作用，推动实施各专项行动。宣传部门要做好宣传动员工作。各责任部门（单位）要根据部门职能职责和任务分工，切实做好健康成都行动各项任务，并督促指导各区（市）县抓好落实。

（三）动员各方参与。鼓励市民和家庭积极参与健康成都行动，养成健康生活方式。各单位要创造健康支持环境，开展健康细胞工程创建。相关学会、协会和群团组织要充分发挥作用，指导、组织健康科普工作，形成健康促进强大合力。

（四）建立考核机制。推进委员会负责考核工作的组织领导，办公室会同相关部门具体实施。考核工作每年一次，并将主要健康指标纳入对区（市）县绩效考核。考核结果经推进委员会审定后通报，作为各区（市）县、各相关部门党政领导班子和领导干部综合考核评价、奖惩使用的重要参考。

……

绿色节能篇

纸类的回收
纸类大家族
回收好处多
再生之旅

筑牢美好生活的安全底线

安全管理，既要有精细化管理的探照灯，也要有系统性思维的大局观，构建匹配城市发展需要的安全风险辨识、评估、管控、应急处置体系。

安全事关民生福祉，事关经济社会发展大局，责任重于泰山。最近一段时间，一些地方发生的安全事故深刻提醒我们：任何时候都不能忽视安全，确保安全生产、守住安全底线，不能有一丝一毫的懈怠。

习近平总书记强调："人命关天，发展决不能以牺牲人的生命为代价。这必须作为一条不可逾越的红线。"去年年初，中办国办印发《关于推进城市安全发展的意见》，强调把安全发展作为城市现代文明的重要标志，为人民群众营造安居乐业、幸福安康的生产生活环境。的确，美好生活首先是安全的生活，无论经济社会发展到哪一步，安全都是人民群众的基本需求，必须作为一条不可逾越的红线。安全的堤坝一旦失守，老百姓的幸福感、获得感就难以得到保障。唯有以铁的决心、铁的手段、铁的纪律抓好安全生产工作，才能为美好生活保驾护航。

从总体趋势上看，近年来我国安全生产形势呈现持续向好的态势，实现了事故总量、较大事故、重特大事故"三个继续下降"，但一些地方接连发生的安全事故也敲响了警钟。在城市安全管理上既面临长期存在的老问题，也叠加发展起来的新挑战。一方面，一些城市安全基础薄弱，安全管理水平与现代化城市发展要求不适应、不协调的问题比较突出；另一方面，随着我国城镇化进程明显加快，城市人口、功能和规模不断扩大，城市运行体系日益复杂，潜在的安全风险增多。正因此，加快补齐安全管理上的短板，让安全管理与城镇化进程同步推进，才能为美好生活筑牢安全底线。

防范重大安全事故，城市治理者必须在日常的精细化管理上下足功夫，做到防患于未然。现实中，恰恰是超载的货车、小吃店的燃气这些城市运行“细节”，暗藏着安全隐患。如果对这些安全隐患估计不足、管理不细，一些倾向性、苗头性的风险没有得到及时排除，往往就会积小患成大患，酿成不可挽回的损失。事实上，这些隐患并非管理上的死角，发现这些隐患也并非难事，难就难在城市管理者以怎样的态度对待它。是以零容忍的态度做好隐患排查，还是抱着侥幸心理漠然处之，结果大不相同。

安全管理，既要有精细化管理的探照灯，也要有系统性思维的大局观。当前，城市越来越像一台精密的仪器，任何一个没有拧紧的螺丝钉，都可能引发系统性问题，可谓牵一发而动全身。没有城市规划、设计、建设、运行等各个环节强化标准，没有城市管理各个部门之间统筹协调形成合力，安全的目标就难以真正实现。然而，少数地方还停留在头痛医头、脚痛医脚阶段，往往是“按下葫芦浮起瓢”；有的在治理实践中条块分割、各自为政，“各人自扫门前雪”。克服安全管理上的路径依赖，呼唤我们进行制度创新和实践创新，构建匹配城市发展需要的安全风险辨识、评估、管控、应急处置体系。

提升城市的安全系数，说到底是为了人们能够生活得更好，不论从价值归属还是治理提升角度来看，需要社会各方面的积极参与。要激发公众的参与热情，形成共建共享、人人参与的格局。人人都把自己当成是安全的关口，才能把安全的网络编织得更密一些，把美好生活的基石筑得更牢一些。

（《人民日报》2019年10月23日 05 版 作者：桂从路）

低碳生活无处不在
绿色出行天天坚持
公交

中华人民共和国节约能源法（2018修正）（节选）

第二章 节能管理

第十一条 国务院和县级以上地方各级人民政府应当加强对节能工作的领导，部署、协调、监督、检查、推动节能工作。

第十二条 县级以上人民政府管理节能工作的部门和有关部门应当在各自的职责范围内，加强对节能法律、法规和节能标准执行情况的监督检查，依法查处违法用能行为。

履行节能监督管理职责不得向监督管理对象收取费用。

第十三条 国务院标准化主管部门和国务院有关部门依法组织制定并适时修订有关节能的国家标准、行业标准，建立健全节能标准体系。

国务院标准化主管部门会同国务院管理节能工作的部门和国务院有关部门制定强制性的用能产品、设备能源效率标准和生产过程中耗能高的产品的单位产品能耗限额标准。

国家鼓励企业制定严于国家标准、行业标准的企业节能标准。

省、自治区、直辖市制定严于强制性国家标准、行业标准的地方节能标准，由省、自治区、直辖市人民政府报经国务院批准；本法另有规定的除外。

绿色出行健康好
防堵停车困难少

第十四条 建筑节能的国家标准、行业标准由国务院建设主管部门组织制定，并依照法定程序发布。

省、自治区、直辖市人民政府建设主管部门可以根据本地实际情况，制定严于国家标准或者行业标准的地方建筑节能标准，并报国务院标准化主管部门和国务院建设主管部门备案。

第十五条 国家实行固定资产投资项目节能评估和审查制度。不符合强制性节能标准的项目，建设单位不得开工建设；已经建成的，不得投入生产、使用。政府投资项目不符合强制性节能标准的，依法负责项目审批的机关不得批准建设。具体办法由国务院管理节能工作的部门会同国务院有关部门制定。

第十六条 国家对落后的耗能过高的用能产品、设备和生产工艺实行淘汰制度。淘汰的用能产品、设备、生产工艺的目录和实施办法，由国务院管理节能工作的部门会同国务院有关部门制定并公布。

生产过程中耗能高的产品的生产单位，应当执行单位产品能耗限额标准。对超过单位产品能耗限额标准用能的生产单位，由管理节能工作的部门按照国务院规定的权限责令限期治理。

对高耗能的特种设备，按照国务院的规定实行节能审查和监管。

亲！
今天你绿色出行了吗？

第十七条 禁止生产、进口、销售国家明令淘汰或者不符合强制性能源效率标准的用能产品、设备；禁止使用国家明令淘汰的用能设备、生产工艺。

第十八条 国家对家用电器等使用面广、耗能量大的用能产品，实行能源效率标识管理。实行能源效率标识管理的产品目录和实施办法，由国务院管理节能工作的部门会同国务院市场监督管理部门制定并公布。

第十九条 生产者和进口商应当对列入国家能源效率标识管理产品目录的用能产品标注能源效率标识，在产品包装物上或者说明书中予以说明，并按照规定报国务院市场监督管理部门和国务院管理节能工作的部门共同授权的机构备案。

生产者和进口商应当对其标注的能源效率标识及相关信息的准确性负责。禁止销售应当标注而未标注能源效率标识的产品。

禁止伪造、冒用能源效率标识或者利用能源效率标识进行虚假宣传。

第二十条 用能产品的生产者、销售者，可以根据自愿原则，按照国家有关节能产品认证的规定，向经国务院认证认可监督管理部门认可的从事节能产品认证的机构提出节能产品认证申请；经认证合格后，取得节能产品认证证书，可以在用能产品或者其包装物上使用节能产品认证标志。

禁止使用伪造的节能产品认证标志或者冒用节能产品认证标志。

节能减排不可少
低碳绿色出行好

第二十一条 县级以上各级人民政府统计部门应当会同同级有关部门，建立健全能源统计制度，完善能源统计指标体系，改进和规范能源统计方法，确保能源统计数据真实、完整。

国务院统计部门会同国务院管理节能工作的部门，定期向社会公布各省、自治区、直辖市以及主要耗能行业的能源消费和节能情况等信息。

第二十二条 国家鼓励节能服务机构的发展，支持节能服务机构开展节能咨询、设计、评估、检测、审计、认证等服务。

国家支持节能服务机构开展节能知识宣传和节能技术培训，提供节能信息、节能示范和其他公益性节能服务。

第二十三条 国家鼓励行业协会在行业节能规划、节能标准的制定和实施、节能技术推广、能源消费统计、节能宣传培训和信息咨询等方面发挥作用。

「生活垃圾四分类」

一、可回收物：废弃计算机、复印机等电器电子产品，报纸、复印纸、包装盒等纸类，塑料、玻璃、金属制品等。

二、有害垃圾：废弃充电、纽扣电池、荧光灯、节能灯、水银温度计等含汞制品，药品、油漆、农药、杀虫剂等。

三、餐厨垃圾：食堂剩菜、剩饭，烹饪过程中产生的菜帮、菜叶，肉类鱼虾废弃部分，蛋壳等。

四、其他垃圾：除可回收物、有害垃圾、餐厨垃圾外的其他生活垃圾。

第三章 合理使用与节约能源

第一节 一般规定

第二十四条 用能单位应当按照合理用能的原则，加强节能管理，制定并实施节能计划和节能技术措施，降低能源消耗。

第二十五条 用能单位应当建立节能目标责任制，对节能工作取得成绩的集体、个人给予奖励。

第二十六条 用能单位应当定期开展节能教育和岗位节能培训。

第二十七条 用能单位应当加强能源计量管理，按照规定配备和使用经依法检定合格的能源计量器具。

用能单位应当建立能源消费统计和能源利用状况分析制度，对各类能源的消费实行分类计量和统计，并确保能源消费统计数据真实、完整。

第二十八条 能源生产经营单位不得向本单位职工无偿提供能源。任何单位不得对能源消费实行包费制。

……

生活垃圾『四分类』

一、可回收物：废弃计算机、复印机等电器电子产品，报纸、复印纸、包装盒等纸类，塑料、玻璃、金属制品等。

二、有害垃圾：废弃充电、纽扣电池、荧光灯、节能灯、水银温度计等含汞制品，药品、油漆、农药、杀虫剂等。

三、餐厨垃圾：食堂剩菜、剩饭，烹饪过程中产生的菜帮、菜叶，肉类鱼虾废弃部分，蛋壳等。

四、其他垃圾：除可回收物、有害垃圾、餐厨垃圾外的其他生活垃圾。

第五节 公共机构节能

第四十七条 公共机构应当厉行节约，杜绝浪费，带头使用节能产品、设备，提高能源利用效率。

本法所称公共机构，是指全部或者部分使用财政性资金的国家机关、事业单位和团体组织。

第四十八条 国务院和县级以上地方各级人民政府管理机关事务工作的机构会同同级有关部门制定和组织实施本级公共机构节能规划。公共机构节能规划应当包括公共机构既有建筑节能改造计划。

第四十九条 公共机构应当制定年度节能目标和实施方案，加强能源消费计量和监测管理，向本级人民政府管理机关事务工作的机构报送上年度的能源消费状况报告。

国务院和县级以上地方各级人民政府管理机关事务工作的机构会同同级有关部门按照管理权限，制定本级公共机构的能源消耗定额，财政部门根据该定额制定能源消耗支出标准。

第五十条 公共机构应当加强本单位用能系统管理，保证用能系统的运行符合国家相关标准。

公共机构应当按照规定进行能源审计，并根据能源审计结果采取提高能源利用效率的措施。

生活垃圾『四分类』

一、可回收物：废弃计算机、复印机等电器电子产品，报纸、复印纸、包装盒等纸类，塑料、玻璃、金属制品等。

二、有害垃圾：废弃充电、纽扣电池、荧光灯、节能灯、水银温度计等含汞制品，药品、油漆、农药、杀虫剂等。

三、餐厨垃圾：食堂剩菜、剩饭，烹饪过程中产生的菜帮、菜叶，肉类鱼虾废弃部分，蛋壳等。

四、其他垃圾：除可回收物、有害垃圾、餐厨垃圾外的其他生活垃圾。

第五十一条 公共机构采购用能产品、设备，应当优先采购列入节能产品、设备政府采购名录中的产品、设备。禁止采购国家明令淘汰的用能产品、设备。

节能产品、设备政府采购名录由省级以上人民政府的政府采购监督管理部门会同同级有关部门制定并公布。

第六节 重点用能单位节能

第五十二条 国家加强对重点用能单位的节能管理。

重点用能单位节能管理办法，由国务院管理节能工作的部门会同国务院有关部门制定。

第五十三条 重点用能单位应当每年向管理节能工作的部门报送上年度的能源利用状况报告。能源利用状况包括能源消费情况、能源利用效率、节能目标完成情况和节能效益分析、节能措施等内容。

第五十四条 管理节能工作的部门应当对重点用能单位报送的能源利用状况报告进行审查。对节能管理制度不健全、节能措施不落实、能源利用效率低的重点用能单位，管理节能工作的部门应当开展现场调查，组织实施用能设备能源效率检测，责令实施能源审计，并提出书面整改要求，限期整改。

第五十五条 重点用能单位应当设立能源管理岗位，在具有节能专业知识、实际经验以及中级以上技术职称的人员中聘任能源管理负责人，并报管理节能工作的部门和有关部门备案。

……

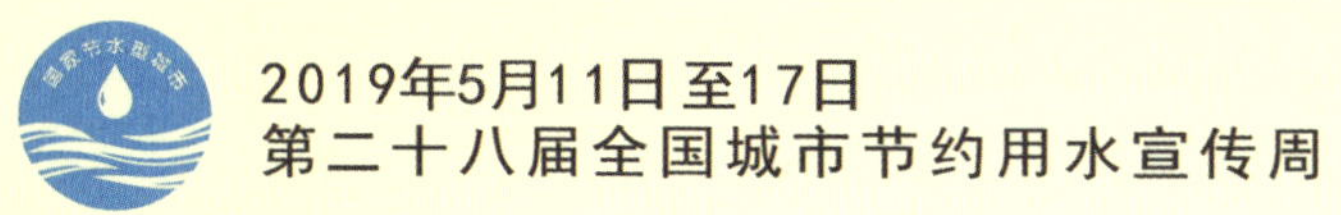

别让它成为过去

热爱生活，从节约用水开始

建设节水城市，推进绿色发展

公共机构节能条例（2017修订）（节选）

第二章 节能规划

第十条 国务院和县级以上地方各级人民政府管理机关事务工作的机构应当会同同级有关部门，根据本级人民政府节能中长期专项规划，制定本级公共机构节能规划。

县级公共机构节能规划应当包括所辖乡（镇）公共机构节能的内容。

第十一条 公共机构节能规划应当包括指导思想和原则、用能现状和问题、节能目标和指标、节能重点环节、实施主体、保障措施等方面的内容。

第十二条 国务院和县级以上地方各级人民政府管理机关事务工作的机构应当将公共机构节能规划确定的节能目标和指标，按年度分解落实到本级公共机构。

第十三条 公共机构应当结合本单位用能特点和上一年度用能状况，制定年度节能目标和实施方案，有针对性地采取节能管理或者节能改造措施，保证节能目标的完成。

公共机构应当将年度节能目标和实施方案报本级人民政府管理机关事务工作的机构备案。

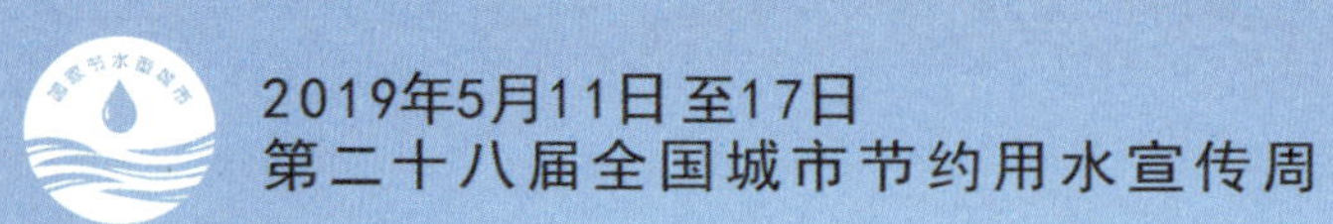

别让它成为过去

热爱生活，从节约用水开始

建设节水城市，推进绿色发展

第三章 节能管理

第十四条 公共机构应当实行能源消费计量制度，区分用能种类、用能系统实行能源消费分户、分类、分项计量，并对能源消耗状况进行实时监测，及时发现、纠正用能浪费现象。

第十五条 公共机构应当指定专人负责能源消费统计，如实记录能源消费计量原始数据，建立统计台账。

公共机构应当于每年3月31日前，向本级人民政府管理机关事务工作的机构报送上一年度能源消费状况报告。

第十六条 国务院和县级以上地方各级人民政府管理机关事务工作的机构应当会同同级有关部门按照管理权限，根据不同行业、不同系统公共机构能源消耗综合水平和特点，制定能源消耗定额，财政部门根据能源消耗定额制定能源消耗支出标准。

第十七条 公共机构应当在能源消耗定额范围内使用能源，加强能源消耗支出管理；超过能源消耗定额使用能源的，应当向本级人民政府管理机关事务工作的机构作出说明。

第十八条 公共机构应当按照国家有关强制采购或者优先采购的规定，采购列入节能产品、设备政府采购名录和环境标志产品政府采购名录中的产品、设备，不得采购国家明令淘汰的用能产品、设备。

第十九条 国务院和省级人民政府的政府采购监督管理部门应当会同同级有关部门完善节能产品、设备政府采购名录，优先将取得节能产品认证证书的产品、设备列入政府采购名录。

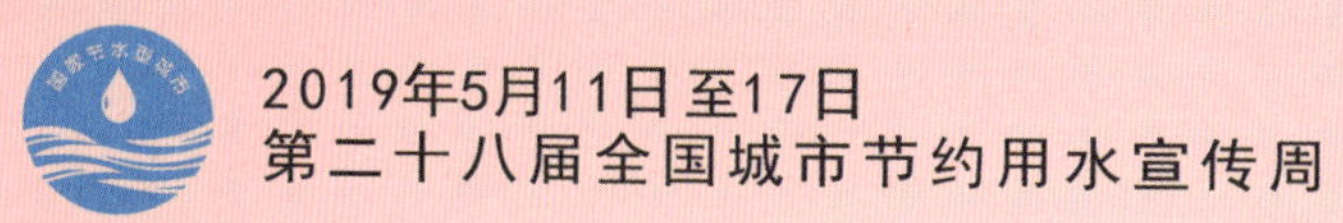

别让它成为过去

热爱生活，从节约用水开始

建设节水城市，推进绿色发展

国务院和省级人民政府应当将节能产品、设备政府采购名录中的产品、设备纳入政府集中采购目录。

第二十条 公共机构新建建筑和既有建筑维修改造应当严格执行国家有关建筑节能设计、施工、调试、竣工验收等方面的规定和标准，国务院和县级以上地方人民政府建设主管部门对执行国家有关规定和标准的情况应当加强监督检查。

国务院和县级以上地方各级人民政府负责审批固定资产投资项目的部门，应当严格控制公共机构建设项目的建设规模和标准，统筹兼顾节能投资和效益，对建设项目进行节能评估和审查，未通过节能评估和审查的项目，不得开工建设；政府投资项目未通过节能评估和审查的，依法负责项目审批的部门不得批准建设。

……

第二十三条 能源审计的内容包括：

（一）查阅建筑物竣工验收资料和用能系统、设备台账资料，检查节能设计标准的执行情况；

（二）核对电、气、煤、油、市政热力等能源消耗计量记录和财务账单，评估分类与分项的总能耗、人均能耗和单位建筑面积能耗；

（三）检查用能系统、设备的运行状况，审查节能管理制度执行情况；

（四）检查前一次能源审计合理使用能源建议的落实情况；

（五）查找存在节能潜力的用能环节或者部位，提出合理使用能源的建议；

（六）审查年度节能计划、能源消耗定额执行情况，核实公共机构超过能源消耗定额使用能源的说明；

（七）审查能源计量器具的运行情况，检查能耗统计数据的真实性、准确性。

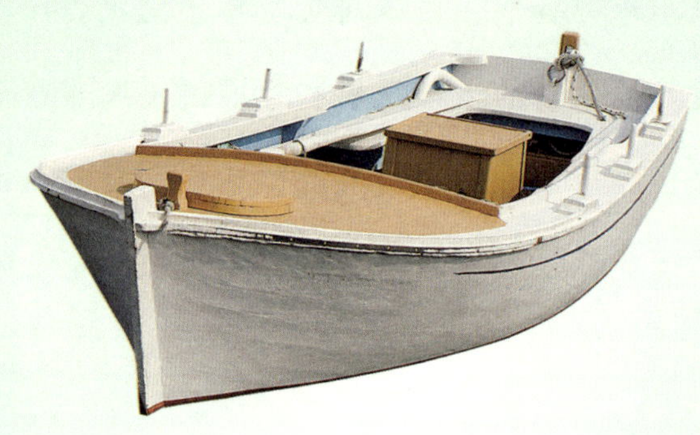
2019年5月11日至17日
第二十八届全国城市节约用水宣传周
别让它成为过去
热爱生活，从节约用水开始
建设节水城市，推进绿色发展

第四章 节能措施

第二十四条 公共机构应当建立、健全本单位节能运行管理制度和用能系统操作规程，加强用能系统和设备运行调节、维护保养、巡视检查，推行低成本、无成本节能措施。

第二十五条 公共机构应当设置能源管理岗位，实行能源管理岗位责任制。重点用能系统、设备的操作岗位应当配备专业技术人员。

第二十六条 公共机构可以采用合同能源管理方式，委托节能服务机构进行节能诊断、设计、融资、改造和运行管理。

第二十七条 公共机构选择物业服务企业，应当考虑其节能管理能力。公共机构与物业服务企业订立物业服务合同，应当载明节能管理的目标和要求。

第二十八条 公共机构实施节能改造，应当进行能源审计和投资收益分析，明确节能指标，并在节能改造后采用计量方式对节能指标进行考核和综合评价。

第二十九条 公共机构应当减少空调、计算机、复印机等用电设备的待机能耗，及时关闭用电设备。

第三十条 公共机构应当严格执行国家有关空调室内温度控制的规定，充分利用自然通风，改进空调运行管理。

……

绿水青山 节能增效

“公共机构能源资源节约经验交流云直播——走进四川”活动

7月2日上午，全国节能宣传周“公共机构能源资源节约经验交流云直播——走进四川”活动在锦悦西路2号市政府办公区成功举行。活动由国家机关事务管理局举办，成都市机关事务管理局承办，讲述机关绿色办公、节约文化与创新实践，展示我市公共机构节能工作成果和良好形象，119.7万余人通过新华网手机客户端APP在线收看，收到良好宣传效果。

第五章 监督保障

第三十五条 国务院和县级以上地方各级人民政府管理机关事务工作的机构应当会同有关部门加强对本级公共机构节能的监督检查。监督检查的内容包括:

（一）年度节能目标和实施方案的制定、落实情况;

（二）能源消费计量、监测和统计情况;

（三）能源消耗定额执行情况;

（四）节能管理规章制度建立情况;

（五）能源管理岗位设置以及能源管理岗位责任制落实情况;

（六）用能系统、设备节能运行情况;

（七）开展能源审计情况;

（八）公务用车配备、使用情况。

对于节能规章制度不健全、超过能源消耗定额使用能源情况严重的公共机构，应当进行重点监督检查。

第三十六条 公共机构应当配合节能监督检查，如实说明有关情况，提供相关资料和数据，不得拒绝、阻碍。

……

节日祝福篇

国庆

筑牢维护国家安全的人民防线

——写在第二个全民国家安全教育日之际

4月15日，是全民国家安全教育日。实现中华民族伟大复兴的中国梦，保证人民安居乐业，国家安全是头等大事。“安不忘危，盛必虑衰。”以全民国家安全教育日为契机，切实增强国家安全意识，夯实国家安全的社会基础，是我们共同的责任。

“利莫大于治，害莫大于乱。”国家安全是国家生存发展的前提、人民幸福安康的基础、中国特色社会主义事业的重要保障。党的十八大以来，以习近平同志为核心的党中央统筹国内国际两个大局，统筹发展安全两件大事，从治国理政战略高度和全局出发，全方位推动国家安全工作。从成立中央国家安全委员会，到颁布施行新的国家安全法；从形成总体国家安全观，到召开国家安全工作座谈会，一系列重大举措明确了指导思想、加强了组织领导、夯实了法治基础、健全了工作体系，为开创国家安全工作新局面注入强大动力。

“心无备虑，不可以应卒。”当前，外部环境不稳定、不确定因素增多，我国改革发展稳定任务艰巨繁重，面临诸多矛盾叠加、风险隐患增多的严峻挑战。我国国家安全内涵和外延比历史上任何时候都要丰富，时空领域比历史上任何时候都要宽广，内外因素比历史上任何时候都要复杂。只有坚持总体国家安全观，以人民安全为宗旨，走中国特色国家安全道路，才能为实现“两个一百年”奋斗目标提供坚实保障。

思想是行动的先导。国家安全一切为了人民、一切依靠人民，强化公民的国家安全意识和责任，是国家安全的固本之策和长久之计，也是开展全民国家安全教育活动的根本目的。一年来，无论是出台地方性法规，落实细化国家安全法的有关内容，还是编写出版《中小学国家安全教育》系列读本，各地围绕宣传教育主题，创新内容、方式和载体，开展丰富多彩的宣传教育活动，不断提升全民国家安全意识。国家安全的根基在人民、力量在人民。围绕“以人民安全为宗旨”的主题，统筹谋划、积极开展今年全民国家安全教育活动，应突出“人民安全”的价值导向，把开展国家安全宣传教育同培育和践行社会主义核心价值观、同社会主义法治宣传教育结合起来，大力宣传总体国家安全观，激发人民中蕴藏的强大正能量，汇聚起维护国家安全的磅礴之力。

“教人者，当观其力量如何，不可以概施也。”取得国家安全教育实效，坚持分类施教是关键。全民国家安全教育涵盖不同年龄和职业群体，应针对国家公务员、国家安全部门干部、大中小学生等群体和社会公众各自特点与需求，丰富完善不同层次、形式多样的活动载体；要坚持集中性宣传教育与经常性宣传教育相结合、宣传教育与实践养成相结合、思想教育与推进实际工作相结合，既注重专题培训和教育活动，又注重完善教育规划和体系，把国家安全教育纳入国民教育体系和公务员培训体系，以各种人们喜闻乐见的形式促进宣传教育入耳入脑入心，推动全民国家安全教育再上新台阶。

国家安全与公民息息相关，维护国家安全，人人有责，人人可为。只要每个人都付出努力，全社会都动员起来，就能布下天罗地网、筑起铜墙铁壁，防范化解各类安全风险。让我们在以习近平同志为核心的党中央坚强领导下，共担责任、共同努力，为维护国家安全构筑起坚固的人民防线，不断提高人民群众的安全感、幸福感。

（新华社北京2017年4月14日电 作者：新华社评论员）

2017
除隐患，保安全，
欢乐吉祥迎新年！

中华人民共和国国家安全法（2015）（节选）

第二章 维护国家安全的任务

第十五条 国家坚持中国共产党的领导，维护中国特色社会主义制度，发展社会主义民主政治，健全社会主义法治，强化权力运行制约和监督机制，保障人民当家作主的各项权利。

国家防范、制止和依法惩治任何叛国、分裂国家、煽动叛乱、颠覆或者煽动颠覆人民民主专政政权的行为；防范、制止和依法惩治窃取、泄露国家秘密等危害国家安全的行为；防范、制止和依法惩治境外势力的渗透、破坏、颠覆、分裂活动。

第十六条 国家维护和发展最广大人民的根本利益，保卫人民安全，创造良好生存发展条件和安定工作生活环境，保障公民的生命财产安全和其他合法权益。

第十七条 国家加强边防、海防和空防建设，采取一切必要的防卫和管控措施，保卫领陆、内水、领海和领空安全，维护国家领土主权和海洋权益。

第十八条 国家加强武装力量革命化、现代化、正规化建设，建设与保卫国家安全和发展利益需要相适应的武装力量；实施积极防御军事战略方针，防备和抵御侵略，制止武装颠覆和分裂；开展国际军事安全合作，实施联合国维和、国际救援、海上护航和维护国家海外利益的军事行动，维护国家主权、安全、领土完整、发展利益和世界和平。

2018
新春快乐
吉祥安康

第十九条 国家维护国家基本经济制度和社会主义市场经济秩序，健全预防和化解经济安全风险的制度机制，保障关系国民经济命脉的重要行业和关键领域、重点产业、重大基础设施和重大建设项目以及其他重大经济利益安全。

第二十条 国家健全金融宏观审慎管理和金融风险防范、处置机制，加强金融基础设施和基础能力建设，防范和化解系统性、区域性金融风险，防范和抵御外部金融风险的冲击。

第二十一条 国家合理利用和保护资源能源，有效管控战略资源能源的开发，加强战略资源能源储备，完善资源能源运输战略通道建设和安全保护措施，加强国际资源能源合作，全面提升应急保障能力，保障经济社会发展所需的资源能源持续、可靠和有效供给。

第二十二条 国家健全粮食安全保障体系，保护和提高粮食综合生产能力，完善粮食储备制度、流通体系和市场调控机制，健全粮食安全预警制度，保障粮食供给和质量安全。

第二十三条 国家坚持社会主义先进文化前进方向，继承和弘扬中华民族优秀传统文化，培育和践行社会主义核心价值观，防范和抵制不良文化的影响，掌握意识形态领域主导权，增强文化整体实力和竞争力。

福
福
2019
迎新年
吉祥
如意

第二十四条 国家加强自主创新能力建设，加快发展自主可控的战略高新技术和重要领域核心关键技术，加强知识产权的运用、保护和科技保密能力建设，保障重大技术和工程的安全。

第二十五条 国家建设网络与信息安全保障体系，提升网络与信息安全保护能力，加强网络和信息技术的创新研究和开发应用，实现网络和信息核心技术、关键基础设施和重要领域信息系统及数据的安全可控；加强网络管理，防范、制止和依法惩治网络攻击、网络入侵、网络窃密、散布违法有害信息等网络违法犯罪行为，维护国家网络空间主权、安全和发展利益。

第二十六条 国家坚持和完善民族区域自治制度，巩固和发展平等团结互助和谐的社会主义民族关系。坚持各民族一律平等，加强民族交往、交流、交融，防范、制止和依法惩治民族分裂活动，维护国家统一、民族团结和社会和谐，实现各民族共同团结奋斗、共同繁荣发展。

第二十七条 国家依法保护公民宗教信仰自由和正常宗教活动，坚持宗教独立自主自办的原则，防范、制止和依法惩治利用宗教名义进行危害国家安全的违法犯罪活动，反对境外势力干涉境内宗教事务，维护正常宗教活动秩序。

国家依法取缔邪教组织，防范、制止和依法惩治邪教违法犯罪活动。

2019
贺新春
岁岁平安

第二十八条 国家反对一切形式的恐怖主义和极端主义，加强防范和处置恐怖主义的能力建设，依法开展情报、调查、防范、处置以及资金监管等工作，依法取缔恐怖活动组织和严厉惩治暴力恐怖活动。

第二十九条 国家健全有效预防和化解社会矛盾的体制机制，健全公共安全体系，积极预防、减少和化解社会矛盾，妥善处置公共卫生、社会安全等影响国家安全和社会稳定的突发事件，促进社会和谐，维护公共安全和社会安定。

第三十条 国家完善生态环境保护制度体系，加大生态建设和环境保护力度，划定生态保护红线，强化生态风险的预警和防控，妥善处置突发环境事件，保障人民赖以生存发展的大气、水、土壤等自然环境和条件不受威胁和破坏，促进人与自然和谐发展。

第三十一条 国家坚持和平利用核能和核技术，加强国际合作，防止核扩散，完善防扩散机制，加强对核设施、核材料、核活动和核废料处置的安全管理、监管和保护，加强核事故应急体系和应急能力建设，防止、控制和消除核事故对公民生命健康和生态环境的危害，不断增强有效应对和防范核威胁、核攻击的能力。

福
福
恭賀新春
吉祥如意
新/年/吉/祥
岁/岁/平/安

第三十二条 国家坚持和平探索和利用外层空间、国际海底区域和极地，增强安全进出、科学考察、开发利用的能力，加强国际合作，维护我国在外层空间、国际海底区域和极地的活动、资产和其他利益的安全。

第三十三条 国家依法采取必要措施，保护海外中国公民、组织和机构的安全和正当权益，保护国家的海外利益不受威胁和侵害。

第三十四条 国家根据经济社会发展和国家发展利益的需要，不断完善维护国家安全的任务。

中华人民共和国成立70周年
The 70th Anniversary of the Founding of
The People's Republic of China
深情比心，致敬祖国

第三章 维护国家安全的职责

第三十五条 全国人民代表大会依照宪法规定，决定战争和和平的问题，行使宪法规定的涉及国家安全的其他职权。

全国人民代表大会常务委员会依照宪法规定，决定战争状态的宣布，决定全国总动员或者局部动员，决定全国或者个别省、自治区、直辖市进入紧急状态，行使宪法规定的和全国人民代表大会授予的涉及国家安全的其他职权。

第三十六条 中华人民共和国主席根据全国人民代表大会的决定和全国人民代表大会常务委员会的决定，宣布进入紧急状态，宣布战争状态，发布动员令，行使宪法规定的涉及国家安全的其他职权。

第三十七条 国务院根据宪法和法律，制定涉及国家安全的行政法规，规定有关行政措施，发布有关决定和命令；实施国家安全法律法规和政策；依照法律规定决定省、自治区、直辖市的范围内部分地区进入紧急状态；行使宪法法律规定的和全国人民代表大会及其常务委员会授予的涉及国家安全的其他职权。

第三十八条 中央军事委员会领导全国武装力量，决定军事战略和武装力量的作战方针，统一指挥维护国家安全的军事行动，制定涉及国家安全的军事法规，发布有关决定和命令。

中华人民共和国成立70周年
The 70th Anniversary of the Founding of The People's Republic of China
深情比心，致敬祖国
神州同庆国庆
华夏共祝中华

第三十九条 中央国家机关各部门按照职责分工，贯彻执行国家安全方针政策和法律法规，管理指导本系统、本领域国家安全工作。

第四十条 地方各级人民代表大会和县级以上地方各级人民代表大会常务委员会在本行政区域内，保证国家安全法律法规的遵守和执行。

地方各级人民政府依照法律法规规定管理本行政区域内的国家安全工作。

香港特别行政区、澳门特别行政区应当履行维护国家安全的责任。

第四十一条 人民法院依照法律规定行使审判权，人民检察院依照法律规定行使检察权，惩治危害国家安全的犯罪。

第四十二条 国家安全机关、公安机关依法搜集涉及国家安全的情报信息，在国家安全工作中依法行使侦查、拘留、预审和执行逮捕以及法律规定的其他职权。

有关军事机关在国家安全工作中依法行使相关职权。

第四十三条 国家机关及其工作人员在履行职责时，应当贯彻维护国家安全的原则。

国家机关及其工作人员在国家安全工作和涉及国家安全活动中，应当严格依法履行职责，不得超越职权、滥用职权，不得侵犯个人和组织的合法权益。

中华人民共和国成立70周年
The 70th Anniversary of the Founding of
The People's Republic of China
深情比心，致敬祖国
为人民服务
爱祖国
亿万人民心心相印
庆华诞
和谐中国岁岁平安

第四章 国家安全制度

……

第二节 情报信息

第五十一条 国家健全统一归口、反应灵敏、准确高效、运转顺畅的情报信息收集、研判和使用制度，建立情报信息工作协调机制，实现情报信息的及时收集、准确研判、有效使用和共享。

第五十二条 国家安全机关、公安机关、有关军事机关根据职责分工，依法搜集涉及国家安全的情报信息。

国家机关各部门在履行职责过程中，对于获取的涉及国家安全的有关信息应当及时上报。

第五十三条 开展情报信息工作，应当充分运用现代科学技术手段，加强对情报信息的鉴别、筛选、综合和研判分析。

第五十四条 情报信息的报送应当及时、准确、客观，不得迟报、漏报、瞒报和谎报。

第三节 风险预防、评估和预警

第五十五条 国家制定完善应对各领域国家安全风险预案。

第五十六条 国家建立国家安全风险评估机制，定期开展各领域国家安全风险调查评估。

有关部门应当定期向中央国家安全领导机构提交国家安全风险评估报告。

中华人民共和国成立70周年
The 70th Anniversary of the Founding of
The People's Republic of China
深情比心，致敬祖国
服务总台

第五十七条 国家健全国家安全风险监测预警制度，根据国家安全风险程度，及时发布相应风险预警。

第五十八条 对可能即将发生或者已经发生的危害国家安全的事件，县级以上地方人民政府及其有关主管部门应当立即按照规定向上一级人民政府及其有关主管部门报告，必要时可以越级上报。

第四节 审查监管

第五十九条 国家建立国家安全审查和监管的制度和机制，对影响或者可能影响国家安全的外商投资、特定物项和关键技术、网络信息技术产品和服务、涉及国家安全事项的建设项目，以及其他重大事项和活动，进行国家安全审查，有效预防和化解国家安全风险。

第六十条 中央国家机关各部门依照法律、行政法规行使国家安全审查职责，依法作出国家安全审查决定或者提出安全审查意见并监督执行。

第六十一条 省、自治区、直辖市依法负责本行政区域内有关国家安全审查和监管工作。

第五节 危机管控

第六十二条 国家建立统一领导、协同联动、有序高效的国家安全危机管控制度。

中华人民共和国成立70周年
The 70th Anniversary of the Founding of
The People's Republic of China
守护平安，致敬祖国

第六十三条 发生危及国家安全的重大事件，中央有关部门和有关地方根据中央国家安全领导机构的统一部署，依法启动应急预案，采取管控处置措施。

第六十四条 发生危及国家安全的特别重大事件，需要进入紧急状态、战争状态或者进行全国总动员、局部动员的，由全国人民代表大会、全国人民代表大会常务委员会或者国务院依照宪法和有关法律规定的权限和程序决定。

第六十五条 国家决定进入紧急状态、战争状态或者实施国防动员后，履行国家安全危机管控职责的有关机关依照法律规定或者全国人民代表大会常务委员会规定，有权采取限制公民和组织权利、增加公民和组织义务的特别措施。

第六十六条 履行国家安全危机管控职责的有关机关依法采取处置国家安全危机的管控措施，应当与国家安全危机可能造成的危害的性质、程度和范围相适应；有多种措施可供选择的，应当选择有利于最大程度保护公民、组织权益的措施。

第六十七条 国家健全国家安全危机的信息报告和发布机制。

国家安全危机事件发生后，履行国家安全危机管控职责的有关机关，应当按照规定准确、及时报告，并依法将有关国家安全危机事件发生、发展、管控处置及善后情况统一向社会发布。

第六十八条 国家安全威胁和危害得到控制或者消除后，应当及时解除管控处置措施，做好善后工作。

中华人民共和国成立70周年
The 70th Anniversary of the Founding of
The People's Republic of China
守护平安，致敬祖国

第五章 国家安全保障

第六十九条 国家健全国家安全保障体系，增强维护国家安全的能力。

第七十条 国家健全国家安全法律制度体系，推动国家安全法治建设。

第七十一条 国家加大对国家安全各项建设的投入，保障国家安全工作所需经费和装备。

第七十二条 承担国家安全战略物资储备任务的单位，应当按照国家有关规定和标准对国家安全物资进行收储、保管和维护，定期调整更换，保证储备物资的使用效能和安全。

第七十三条 鼓励国家安全领域科技创新，发挥科技在维护国家安全中的作用。

第七十四条 国家采取必要措施，招录、培养和管理国家安全工作专门人才和特殊人才。

根据维护国家安全工作的需要，国家依法保护有关机关专门从事国家安全工作人员的身份和合法权益，加大人身保护和安置保障力度。

第七十五条 国家安全机关、公安机关、有关军事机关开展国家安全专门工作，可以依法采取必要手段和方式，有关部门和地方应当在职责范围内提供支持和配合。

第七十六条 国家加强国家安全新闻宣传和舆论引导，通过多种形式开展国家安全宣传教育活动，将国家安全教育纳入国民教育体系和公务员教育培训体系，增强全民国家安全意识。

Ecomsoft

疫情防控篇

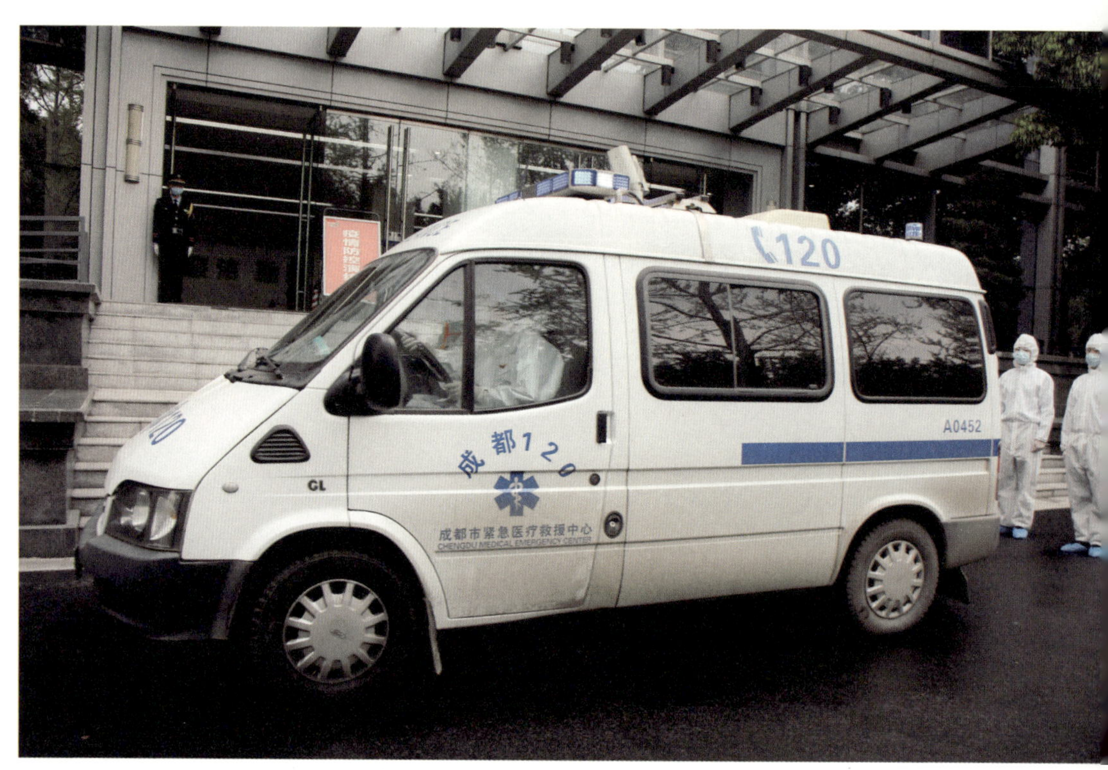
120
成都120
成都市紧急医疗救援中心
CHENGDU MEDICAL EMERGENCY CENTER
A0452

中心
ard Center

消毒酒
84
专业除菌

A66
A58
A67
A75
A59
A60
A68
A76
A61

疫情防控不获全胜决不轻言成功

经过艰苦努力，疫情防控形势积极向好的态势正在拓展。同时必须清醒看到，当前疫情形势依然严峻复杂，防控正处在最吃劲的关键阶段。

2月23日，习近平总书记在统筹推进新冠肺炎疫情防控和经济社会发展工作部署会议上发表重要讲话，充分肯定疫情防控工作取得的成效，深刻分析当前疫情形势，强调必须高度警惕麻痹思想、厌战情绪、侥幸心理、松劲心态，要求各级党委和政府坚定必胜信念，咬紧牙关，继续毫不放松抓紧抓实抓细各项防控工作，不获全胜决不轻言成功。习近平总书记的重要讲话，对于我们保持清醒头脑，再接再厉、英勇斗争，不断巩固成果、扩大战果，全面打赢疫情防控人民战争、总体战、阻击战，具有重大指导意义。

面对这场保卫人民群众生命安全和身体健康的严峻斗争，在以习近平同志为核心的党中央坚强领导下，全党全军全国各族人民团结奋战，初步遏制疫情蔓延势头，取得防控工作阶段性成效。但也要看到，全国疫情发展拐点尚未到来，湖北省和武汉市疫情形势依然严峻复杂。随着全国大多数地方逐步复工复产，需要严加防范疫情再次扩散。当此关键阶段，尤其不能松懈，尤须持续用力，务必以“咬定青山不放松”的韧劲、“不破楼兰终不还”的拼劲，毫不放松抓好疫情防控工作，及时完善防控策略和措施，巩固成果、扩大战果，为赢得这场斗争的全面胜利而顽强拼搏。

巩固成果、扩大战果，必须加强疫情严重或风险较大地区的防控工作。湖北和武汉仍然是疫情防控重中之重，武汉胜则湖北胜，湖北胜则全国胜。必须认真贯彻习近平总书记提出的加强疫情防控重点工作7点要求，坚决打好、打赢湖北保卫战、武汉保卫战，紧紧扭住城乡社区防控和患者救治两个关键，切实提高收治率和治愈率、降低感染率和病亡率，坚决遏制疫情扩散输出，继续加大救治力度，根据需要加大医务人员和医用物资支持力度，加强力量薄弱地区防控。首都安全稳定直接关系党和国家工作大局，做好疫情防控工作责任重大。要全力做好北京疫情防控工作，坚决抓好外防输入、内防扩散两大环节，守住入京通道第一道防线，做好健康监测和人员管理，加强京津冀地区联防联控，坚决切断传染源，坚决控制疫情波及范围。

巩固成果、扩大战果，必须毫不放松抓好疫情防控的重点环节。医务人员是战胜疫情的中坚力量，务必高度重视对他们的保护、关心、爱护，落实防护物资、生活物资保障和防护措施，统筹安排轮休，加强心理疏导，落实工资待遇、临时性工作补助、卫生防疫津贴待遇，完善激励机制，帮助他们解除后顾之忧，使他们始终保持昂扬斗志、旺盛精力，持续健康投入抗疫斗争。要综合多学科力量开展科研攻关，加大药品和疫苗研发力度，及时总结推广有效诊疗方案。继续做好党中央重大决策部署的宣传解读，深入报道各地统筹推进疫情防控的好经验好做法，及时化解疫情防控中出现的苗头性、趋势性问题，依法严惩扰乱医疗秩序、防疫秩序、市场秩序、社会秩序等违法犯罪行为，继续扩大国际和地区合作，体现负责任大国担当。把各个重点环节的工作抓实抓细，多管齐下、同向发力，就能形成抗击疫情的强大合力。

行百里者半九十。越是在最吃劲的时候，越要有一鼓作气的决心，越要有攻坚克难的毅力。以更坚定的信心、更顽强的意志，持续作战、英勇奋战，把党中央各项决策部署抓实抓细抓落地，我们就一定能全面打赢疫情防控这场人民战争、总体战、阻击战。

（《人民日报》2020年2月26日 01 版 作者：人民日报评论员）

防控疫情 点滴做起
万众一心 守护平安

废弃口罩定点投
二次污染要防控

中华人民共和国传染病防治法（2013修正）（节选）

第二章 传染病预防

第十三条 各级人民政府组织开展群众性卫生活动，进行预防传染病的健康教育，倡导文明健康的生活方式，提高公众对传染病的防治意识和应对能力，加强环境卫生建设，消除鼠害和蚊、蝇等病媒生物的危害。

各级人民政府农业、水利、林业行政部门按照职责分工负责指导和组织消除农田、湖区、河流、牧场、林区的鼠害与血吸虫危害，以及其他传播传染病的动物和病媒生物的危害。

铁路、交通、民用航空行政部门负责组织消除交通工具以及相关场所的鼠害和蚊、蝇等病媒生物的危害。

第十四条 地方各级人民政府应当有计划地建设和改造公共卫生设施，改善饮用水卫生条件，对污水、污物、粪便进行无害化处置。

第十五条 国家实行有计划的预防接种制度。国务院卫生行政部门和省、自治区、直辖市人民政府卫生行政部门，根据传染病预防、控制的需要，制定传染病预防接种规划并组织实施。用于预防接种的疫苗必须符合国家质量标准。

国家对儿童实行预防接种证制度。国家免疫规划项目的预防接种实行免费。医疗机构、疾病预防控制机构与儿童的监护人应当相互配合，保证儿童及时接受预防接种。具体办法由国务院制定。

防控疫情 点滴做起

万众一心 守护平安

坚守岗位写忠诚

众志成城控疫情

第十六条 国家和社会应当关心、帮助传染病病人、病原携带者和疑似传染病病人，使其得到及时救治。任何单位和个人不得歧视传染病病人、病原携带者和疑似传染病病人。

传染病病人、病原携带者和疑似传染病病人，在治愈前或者在排除传染病嫌疑前，不得从事法律、行政法规和国务院卫生行政部门规定禁止从事的易使该传染病扩散的工作。

第十七条 国家建立传染病监测制度。

国务院卫生行政部门制定国家传染病监测规划和方案。省、自治区、直辖市人民政府卫生行政部门根据国家传染病监测规划和方案，制定本行政区域的传染病监测计划和工作方案。

各级疾病预防控制机构对传染病的发生、流行以及影响其发生、流行的因素，进行监测；对国外发生、国内尚未发生的传染病或者国内新发生的传染病，进行监测。

第十八条 各级疾病预防控制机构在传染病预防控制中履行下列职责：

（一）实施传染病预防控制规划、计划和方案；

（二）收集、分析和报告传染病监测信息，预测传染病的发生、流行趋势；

（三）开展对传染病疫情和突发公共卫生事件的流行病学调查、现场处理及其效果评价；

防控疫情 点滴做起

万众一心 守护平安

餐余垃圾巧分类

变废为宝少浪费

（四）开展传染病实验室检测、诊断、病原学鉴定；

（五）实施免疫规划，负责预防性生物制品的使用管理；

（六）开展健康教育、咨询，普及传染病防治知识；

（七）指导、培训下级疾病预防控制机构及其工作人员开展传染病监测工作；

（八）开展传染病防治应用性研究和卫生评价，提供技术咨询。

国家、省级疾病预防控制机构负责对传染病发生、流行以及分布进行监测，对重大传染病流行趋势进行预测，提出预防控制对策，参与并指导对暴发的疫情进行调查处理，开展传染病病原学鉴定，建立检测质量控制体系，开展应用性研究和卫生评价。

设区的市和县级疾病预防控制机构负责传染病预防控制规划、方案的落实，组织实施免疫、消毒、控制病媒生物的危害，普及传染病防治知识，负责本地区疫情和突发公共卫生事件监测、报告，开展流行病学调查和常见病原微生物检测。

第十九条 国家建立传染病预警制度。

国务院卫生行政部门和省、自治区、直辖市人民政府根据传染病发生、流行趋势的预测，及时发出传染病预警，根据情况予以公布。

第二十条 县级以上地方人民政府应当制定传染病预防、控制预案，报上一级人民政府备案。

传染病预防、控制预案应当包括以下主要内容：

理发预约中……

——一封机关工作人员来信的回复

保持干净整洁的发型是公务人员日常**礼仪**的重要体现。在疫情防控的特殊时期，一位机关工作人员来信，希望尽快恢复集中办公区理发室运行。为积极响应国家、省、市防控工作相关要求，同时满足大家的**理发**需求，我们已安排有关单位在做好理发室消杀的基础上，采取电话预约（号码张贴在理发室门口）的形式，实行一对一服务。希望我们的服务措施能得到大家**理解**。

市机关事务管理局领导及工作人员：你们好！首先衷心感谢你们在此特殊时期为整个市级机关办公区提供的强有力的保障。整洁的办公环境，足量可口的饭菜，协调解决的临时停车区……都是你们辛勤付出的为同志们奉上的暖心成果，你们辛苦了！向你们致敬！尽管你们的工作非常繁琐，但是仍旧要向你们提个建议：据观察，办公区很多男同志的头发已经很长了，在一定程度上影响了我们同志的精神面貌，越是在关键时期越应该彰显我们同志抖抖擞的精神，以便为广大人民群众当好表率。强烈建议尽快恢复理发室的运行，如果可以的话组织理发师志愿者到机关局中服务。诚望采纳，万分感谢！

成都市长信箱办理转办单

工单编号：200218M00275

派单单位：	市网络理政办	交办次序：	初次交办
办理性质：	主办	办理期限：	2020-02-25 23:59:00
来信人：		联系电话：	
联系地址：			
来信主题：	写给市机关事务管理局的一封信		

来信内容：

市机关事务管理局领导及工作人员： 你们好！首先衷心感谢你们在此特殊时期为整个市级机关办公区提供的强有力的保障。整洁的办公环境，足量可口的饭菜，协调解决的临时停车区……都是你们辛勤付出的为同志们奉上的暖心成果，你们辛苦了！向你们致敬！ 尽管你们的工作非常繁琐，但是仍旧要向你们提个建议：据观察，办公区很多男同志的头发已经很长了，在一定程度上影响了我们同志的精神面貌，越是在关键时期越应该彰显我们同志抖抖擞的精神，以便为广大人民群众当好表率。强烈建议尽快恢复理发室的运行，如果可以的话组织理发师志愿者到机关局中服务。 诚望采纳，万分感谢！（此件无需电话回复，如果落实好了请在大厅张贴通知）

承办处（科）室：		经办人：	

办理结论（可另附页）：

请生活中心及时安排，在加强理发室卫生防范和预防性消毒的基础上，通过公布预约电话的形式，实行一对一服务，满足大家的理发需求。

签批意见：

审核意见：

备注：

（一）传染病预防控制指挥部的组成和相关部门的职责；

（二）传染病的监测、信息收集、分析、报告、通报制度；

（三）疾病预防控制机构、医疗机构在发生传染病疫情时的任务与职责；

（四）传染病暴发、流行情况的分级以及相应的应急工作方案；

（五）传染病预防、疫点疫区现场控制，应急设施、设备、救治药品和医疗器械以及其他物资和技术的储备与调用。

地方人民政府和疾病预防控制机构接到国务院卫生行政部门或者省、自治区、直辖市人民政府发出的传染病预警后，应当按照传染病预防、控制预案，采取相应的预防、控制措施。

第二十一条 医疗机构必须严格执行国务院卫生行政部门规定的管理制度、操作规范，防止传染病的医源性感染和医院感染。

医疗机构应当确定专门的部门或者人员，承担传染病疫情报告、本单位的传染病预防、控制以及责任区域内的传染病预防工作；承担医疗活动中与医院感染有关的危险因素监测、安全防护、消毒、隔离和医疗废物处置工作。

疾病预防控制机构应当指定专门人员负责对医疗机构内传染病预防工作进行指导、考核，开展流行病学调查。

万众一心　群防群控

成都市疫情防控个人健康信息申报平台

正式启用

为做好新型冠状病毒感染的肺炎疫情防控工作，提高公众出行效率，降低交叉感染风险，广大机关干部职工可自愿在线申报防疫健康个人信息，系统将依据个人申报信息和其他个人状况信息动态生成健康码。健康码实施“红、黄、绿”三色二维码标识，按照“红码禁止、黄码受限、绿码通行”的总体原则对公共场所进行分类管控。

个人申报信息将按照国家信息安全和个人隐私保护相关法律法规严格管理，仅用于疫情防控相关工作。

希望广大机关干部职工积极支持配合。

系统使用流程

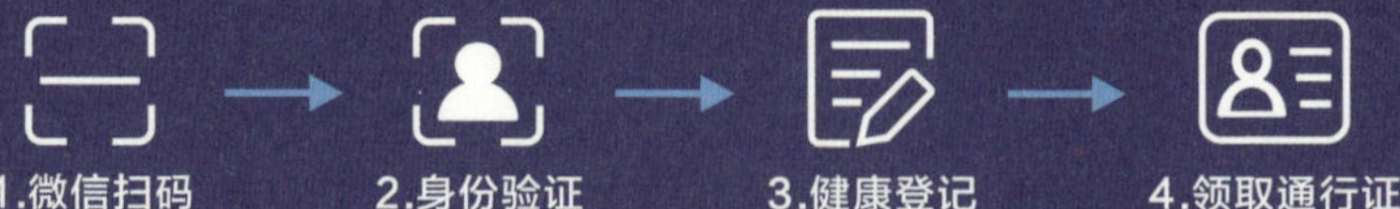

第二十二条 疾病预防控制机构、医疗机构的实验室和从事病原微生物实验的单位，应当符合国家规定的条件和技术标准，建立严格的监督管理制度，对传染病病原体样本按照规定的措施实行严格监督管理，严防传染病病原体的实验室感染和病原微生物的 扩散。

第二十三条 采供血机构、生物制品生产单位必须严格执行国家有关规定，保证血液、血液制品的质量。禁止非法采集血液或者组织他人出卖血液。

疾病预防控制机构、医疗机构使用血液和血液制品，必须遵守国家有关规定，防止因输入血液、使用血液制品引起经血液传播疾病的发生。

第二十四条 各级人民政府应当加强艾滋病的防治工作，采取预防、控制措施，防止艾滋病的传播。具体办法由国务院制定。

第二十五条 县级以上人民政府农业、林业行政部门以及其他有关部门，依据各自的职责负责与人畜共患传染病有关的动物传染病的防治管理工作。

与人畜共患传染病有关的野生动物、家畜家禽，经检疫合格后，方可出售、运输。

第二十六条 国家建立传染病菌种、毒种库。

对传染病菌种、毒种和传染病检测样本的采集、保藏、携带、运输和使用实行分类管理，建立健全严格的管理制度。

防疫最美剪影

新时代的女性，拥有多元角色与身份，
她们是母亲、是妻子、是女儿，
在这场看不见硝烟的疫情阻击战中，
她们亦是勇敢的战士，
是最美的一道剪影，
她们用自己的实际行动，
爱岗敬业，坚守岗位，
默默地为疫情防控做着贡献，
致敬
闪耀着光芒的新时代女性，
“三八”国际妇女节快乐！

对可能导致甲类传染病传播的以及国务院卫生行政部门规定的菌种、毒种和传染病检测样本，确需采集、保藏、携带、运输和使用的，须经省级以上人民政府卫生行政部门批准。具体办法由国务院制定。

第二十七条 对被传染病病原体污染的污水、污物、场所和物品，有关单位和个人必须在疾病预防控制机构的指导下或者按照其提出的卫生要求，进行严格消毒处理；拒绝消毒处理的，由当地卫生行政部门或者疾病预防控制机构进行强制消毒处理。

第二十八条 在国家确认的自然疫源地计划兴建水利、交通、旅游、能源等大型建设项目的，应当事先由省级以上疾病预防控制机构对施工环境进行卫生调查。建设单位应当根据疾病预防控制机构的意见，采取必要的传染病预防、控制措施。施工期间，建设单位应当设专人负责工地上的卫生防疫工作。工程竣工后，疾病预防控制机构应当对可能发生的传染病进行监测。

第二十九条 用于传染病防治的消毒产品、饮用水供水单位供应的饮用水和涉及饮用水卫生安全的产品，应当符合国家卫生标准和卫生规范。

饮用水供水单位从事生产或者供应活动，应当依法取得卫生许可证。

生产用于传染病防治的消毒产品的单位和生产用于传染病防治的消毒产品，应当经省级以上人民政府卫生行政部门审批。具体办法由国务院制定。

防控阻击战　机关在行动
成都市市级机关集中办公区突发公共卫生事件处置演练

第三章 疫情报告、通报和公布

第三十条 疾病预防控制机构、医疗机构和采供血机构及其执行职务的人员发现本法规定的传染病疫情或者发现其他传染病暴发、流行以及突发原因不明的传染病时，应当遵循疫情报告属地管理原则，按照国务院规定的或者国务院卫生行政部门规定的内 容、程序、方式和时限报告。

军队医疗机构向社会公众提供医疗服务，发现前款规定的传染病疫情时，应当按照国务院卫生行政部门的规定报告。

第三十一条 任何单位和个人发现传染病病人或者疑似传染病病人时，应当及时向附近的疾病预防控制机构或者医疗机构报告。

第三十二条 港口、机场、铁路疾病预防控制机构以及国境卫生检疫机关发现甲类传染病病人、病原携带者、疑似传染病病人时，应当按照国家有关规定立即向国境口岸所在地的疾病预防控制机构或者所在地县级以上地方人民政府卫生行政部门报告并互相 通报。

第三十三条 疾病预防控制机构应当主动收集、分析、调查、核实传染病疫情信息。接到甲类、乙类传染病疫情报告或者发现传染病暴发、流行时，应当立即报告当地卫生行政部门，由当地卫生行政部门立即报告当地人民政府，同时报告上级卫生行政部门和国务院卫生行政部门。

疾病预防控制机构应当设立或者指定专门的部门、人员负责传染病疫情信息管理工作，及时对疫情报告进行核实、分析。

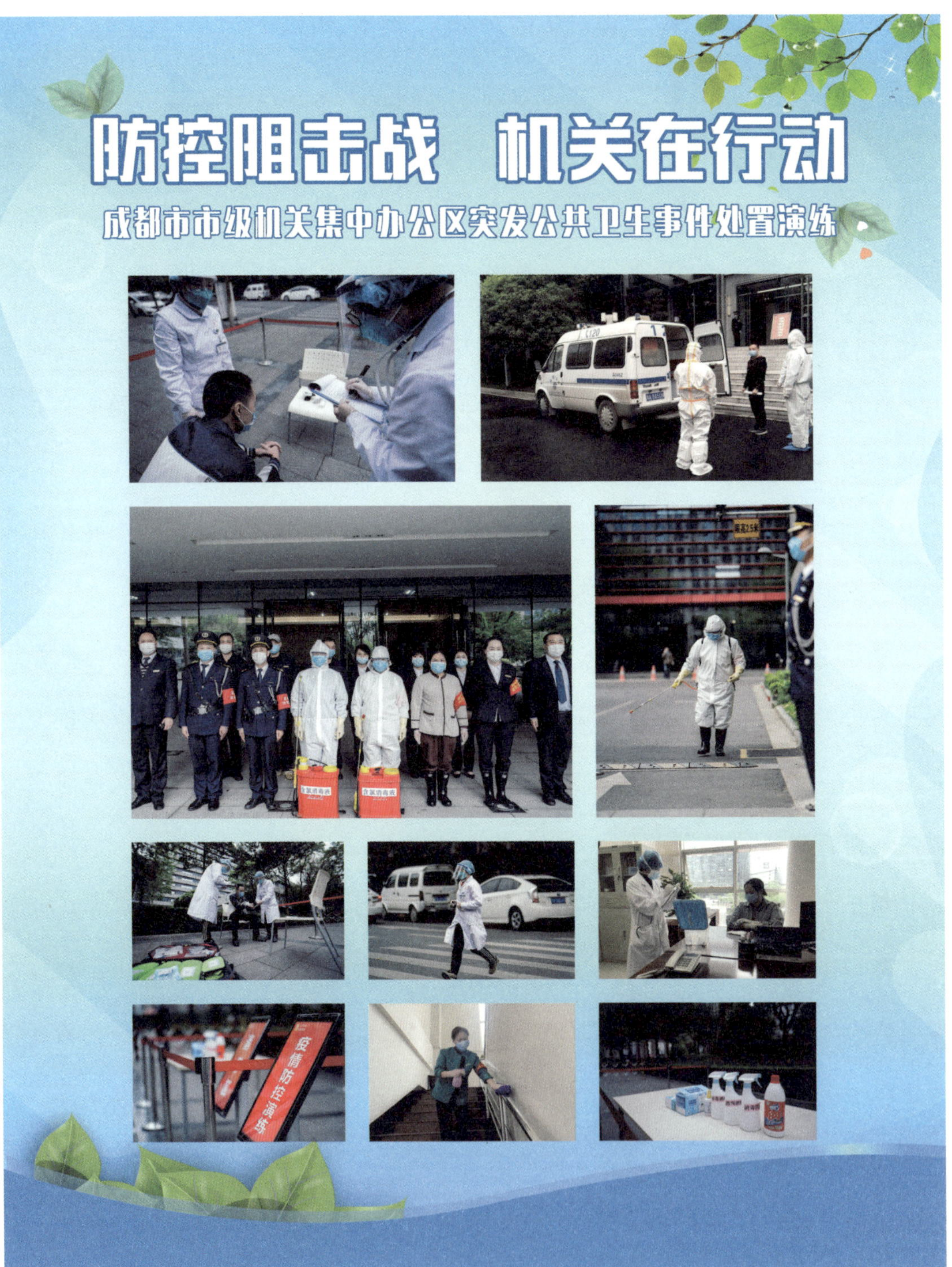
防控阻击战　机关在行动
成都市市级机关集中办公区突发公共卫生事件处置演练
疫情防控演练

第三十四条 县级以上地方人民政府卫生行政部门应当及时向本行政区域内的疾病预防控制机构和医疗机构通报传染病疫情以及监测、预警的相关信息。接到通报的疾病预防控制机构和医疗机构应当及时告知本单位的有关人员。

第三十五条 国务院卫生行政部门应当及时向国务院其他有关部门和各省、自治区、直辖市人民政府卫生行政部门通报全国传染病疫情以及监测、预警的相关信息。

毗邻的以及相关的地方人民政府卫生行政部门，应当及时互相通报本行政区域的传染病疫情以及监测、预警的相关信息。

县级以上人民政府有关部门发现传染病疫情时，应当及时向同级人民政府卫生行政部门通报。

中国人民解放军卫生主管部门发现传染病疫情时，应当向国务院卫生行政部门通报。

第三十六条 动物防疫机构和疾病预防控制机构，应当及时互相通报动物间和人间发生的人畜共患传染病疫情以及相关信息。

第三十七条 依照本法的规定负有传染病疫情报告职责的人民政府有关部门、疾病预防控制机构、医疗机构、采供血机构及其工作人员，不得隐瞒、谎报、缓报传染病疫情。

……

防控阻击战　机关在行动
成都市市级机关集中办公区突发公共卫生事件处置演练
疫情防控演练
留观区

众志成城　抗击疫情

新型冠状病毒感染肺炎疫情发生以来，成都市机关事务管理局各处室、局属各单位坚定贯彻落实习近平总书记对新型冠状病毒感染肺炎疫情的重要指示精神，按照中央、省、市总体部署和局党组统一安排，围绕中心、服务大局，始终把疫情防控工作作为当前一项重大政治任务，坚持精准施策、专业防控、科学应对，认真研究、细化疫情防控期间的工作措施，切实做到“三保三应三准”（应急物资渠道畅通保有、内部需求伸缩有度保障、人员防护全面细致保险，实现专业化应对、规范化应急、差异化应变，做到工作准时、信息准确、准备充分）和“四更”（工作更扎实、措施更严格、反应更迅速、信息更畅通）要求，全体党员干部、一线员工牢记初心使命，传承红色基因，弘扬延安精神，学习张思德光辉榜样，深入基层一线，发挥示范引领，使机关疫情防控工作取得了阶段性成效，有力保障了成渝地区双城经济圈建设和成德眉资同城化发展、构建国有资产全生命周期管理体系、机关事务文化建设、效能建设等重点任务有序推进。

●**办公室**，顾全大局，坚守岗位。一是确保政令畅通。做好24小时文件收发，及时传达市委市政府决策部署和局党组工作安排，及时向市委市政府拟制报送重要报告、防控信息；二是确保专业防控。做好应急物资保障、调配，安排专人统计、领取、分发餐食，降低交叉感染风险；三是确保运转有序。落实弹性工作要求，制定应急值守安排，部署“钉钉”移动办公软件，做好干部职工教育疏导，保障机关运行平稳高效。

●**安全保卫处**，多措并举，筑牢防线。一是细化制度防线。拟制《成都市市级机关集中办公区疫情期间应急服务保障方案》《大规模人员进出处置方案》《批量车队进出处置方案》《发现疑似病例的应急处置方案》，印发《机关疫情

抗疫助产
构建新场景
创造新产品
发展新经济
培育新动能
2020成都新经济企业进虚拟公物仓活动
主办单位：
成都市机关事务管理局 成都市新经济发展委员会
cdjgswglj@sina.com xjjwqyfwc@163.com

防控手册》1.6万余册；二是坚守入口防线。设置50余个体温筛查点，对进出机关办公区人员健康情况进行网格化、地毯式、无缝隙摸底排查，不漏一人，共计检测4.5万余人、5.6万余次，无一例体温异常；三是构筑阻击防线。加大对排污管道、化粪池、空调送风口、出风口专业消毒频次，增设废弃口罩专用垃圾桶2900个、餐厨垃圾专用垃圾桶1900个、电梯间按键用纸专用垃圾桶394个。

●**生活保障处**，优化部署，分散就餐。一是部署食堂新型冠状肺炎病毒感染的防控工作，指派专人现场指导各点位做好预防工作；二是制定疫情期间膳食保障计划，协调相关单位做好物资供给工作；三是转变餐饮保障观念，变集中为分散，1月底，调整餐厅桌位300余张，就餐实行盒饭制，避免人员聚集。目前，保障市委、市人大政协、市政府和浣花点位4000余人次就餐。

●**节能效能处**，梳理情况，督促落实。一是全员行动，定点定位对各大办公区进行“早、中、晚”全方位疫情防控督查，及时发现问题，确保疫情防控落到实处；二是把握重点，对集中办公区各重点部位进行跟踪巡查，确保问题落实到位，疫情防控有效；三是不留盲区，对机关办公区进行全面检查，及时印发《市级机关集中办公区疫情防控及应急保障工作日志》，形成全时防控、全面落实的工作局面。

●**机关党委**，起好表率，发挥作用。一是持续深化“表率、示范、形象”活动，号召全体党员干部增强“四个意识”、坚定“四个自信”、做到“两个维护”，牢记人民利益高于一切，实心干事、科学作为，让党旗在防控疫情斗争第一线高高飘扬。资产处党支部书记熊光辉、安全保卫处党支部书记苟丽剑、车辆管理处党支部书记丁一，积极响应，主动请战；二是切实发挥100名行风政风监督员“红袖套”作用，及时劝导和阻止机关干部吸烟、随地吐痰、不按规定佩戴口罩、不配合体温测量等不文明习惯，配合做好文明就餐、定点分类投放餐余垃圾等工作；三是做好所有员工及家庭成员的梳理排查，把近期有湖北武汉旅行史、居住史、接触史的人员纳入制度化管理。

走在前列　做好表率
扎实做好秋冬季节疫情防控工作

坚持以身作则，自觉科学做好个人防护，出入公共场所佩戴口罩。

提倡使用公筷公勺，积极落实分餐制，引导社会形成健康生活方式。

●**生活中心**，科学应急，分类保障。一是研究制定《成都市机关生活服务中心关于预防新型冠状病毒的肺炎工作要求》《成都市机关生活服务中心预防新型冠状病毒感染的肺炎情况调查表》《酒精安全使用注意事项》；二是加强防控物资管理，按不同岗位统一配发口罩、酒精等应急物资；三是调整就餐模式，早、中、晚采取单位预定盒饭方式，由专人领取，在餐厅前台服务员对到现场就餐人员手部消毒，引导有序进场，提醒佩戴口罩，减少交叉感染风险。

●**会议中心**，厘清边界，明确责任。一是启动应急保会预案，于正月初四复工，保障市委常委会和疫情防控相关会议顺利进行，并通过及时采购、集中管理、有效使用防疫物资，确保会务稳定有序；二是严守“会场”主阵地，发放《公共会议室使用温馨告知书》，三道关口把控设施设备、茶具的消毒工作，确保用会安全；三是与社区联动，强化中心所管资产疫情防控宣传，商请租户暂缓营业，严格人员车辆管控，做到疫情防控不留死角、盲区。

●**银杏物业**，疏堵结合，规范秩序。一是成立防疫应急工作领导小组，形成齐抓共管、联防联控、群防群控的工作局面；二是做好办公区日常预防性消毒，保持大厅、餐厅、会议室等公共区域空气流通；三是从严加强办公场所管理，严控车辆及人员进出，划设监测区，对进入办公区人员进行体温检测登记。

“行百里者半九十”，当前疫情形势依然复杂，我们决不能有丝毫松懈松劲、决不能有任何侥幸麻痹，要深入学习贯彻习近平总书记重要讲话和重要指示批示精神，坚持“政治机关、行政机关、服务机关”的科学定位，服务中心大局、主动担当作为、夯实工作基础，不折不扣贯彻落实市委、市政府关于疫情防控各项决策部署，进一步压实主体责任，在科学防控疫情中完善机制，在推进目标任务中强化优势，不断解决问题、总结经验，促进各项工作科学开展、有序推进。

2019→2020
I
成都

为人民服务

树牢安全发展理念
推进平安机关建设

“安全是发展的前提，发展是安全的保障。”习近平总书记指出，必须坚持统筹发展和安全，增强机遇意识和风险意识，树立底线思维，把困难估计得更充分一些，把风险思考得更深入一些，注重堵漏洞、强弱项，下好先手棋、打好主动仗，有效防范化解各类风险挑战。

近年来，成都市机关事务管理局坚持以习近平新时代中国特色社会主义思想为指引，牢固树立安全发展理念，紧紧围绕市委市政府决策部署，居安思危、防患未然，持续推进平安机关建设。

积极培育安全文化，积极开展安全生产月主题宣传活动，通过悬挂宣传条幅、布设专栏展板、专家现场解答、发放防灾减灾知识读本和宣传手册等方式，集中宣传安全生产法律法规、安全生产主体责任、防灾减灾安全知识等，让每名群众都懂安全、会安全，实现机关干部从“要我安全”向“我要安全”的思想转变。

不断加强安全管控，完善联席会议协商机制、联合治理协作机制、联动处突协同机制“三项机制”，加强安全保卫网格管理和机关智能安防建设，搭建全员参与平台，逐步形成“群策群力、群防群治、安全机关、共建共享”的安全管理大格局，为平安机关建设奠定坚实基础。

第一篇 思想之基

一、公共安全是国家安全的重要体现

习近平总书记指出："公共安全是国家安全的重要体现，一头连着经济社会发展，一头连着千家万户，是最基本的民生。"他强调，要把民生这个概念放在更大的范围里、更高层次上来理解，把安全定位为最基本的民生。

近年来，随着改革开放和中国特色社会主义事业的深入推进，经济社会发展在取得巨大成就的同时，安全风险和挑战也与日俱增，各种灾害事故等突发事件易发多发，威胁着人民群众生命财产安全。确保公共安全事关群众安居乐业、社会稳定，事关改革发展稳定大局。习近平总书记在党的十九大报告中明确指出："要树立安全发展理念，弘扬生命至上、安全第一的思想，健全公共安全体系，完善安全生产责任制，坚决遏制重特大安全事故，提升防灾减灾救灾能力。"在实现"两个一百年"奋斗目标和中华民族伟大复兴的中国梦的奋斗征途上，我们需要时刻把人民生命安全放在第一位，牢固树立安全发展理念，自觉把维护公共安全放在维护最广大人民根本利益中来认识，扎实做好公共安全工作，努力为人民安居乐业、社会安定有序、国家长治久安编织全方位、立体化的公共安全网。

二、以人为本，树立安全发展理念与“红线意识”

习近平总书记指出：“科学发展首先要安全发展，‘以人为本’首先要以人的生命为本，安全发展就是尊重生命、关爱生命。任何以牺牲人的生命和健康为代价的所谓‘发展’，都是不健康、不道德、不和谐的，也都不是真正的发展。”纵观全国各地，近年来不时发生的重特大安全事故警示着我们，部分干部缺乏宗旨意识、大局意识、忧患意识、责任意识，作风飘浮、管理松弛、工作不扎实等问题依然存在。

排查安全设备隐患

2015年12月20日，广东省深圳市光明新区发生人工堆土垮塌，造成73人死亡，4人下落不明，17人受伤，检察机关对19名涉嫌职务犯罪人员立案侦查并采取了刑事强制措施，并责成广东省政府和深圳市委、市政府做出深刻检讨。2016年1月6日，习近平总书记在重庆调研时强调“安全稳定工作连着千家万户，宁可百日紧，不可一日松。面对公共安全事故，不能止于追责，还必须梳理背后的共性问题，做到一方出事故、多方受教育，一地有隐患、全国受警示”。深刻吸取事故的惨痛教训，把贯彻安全发展理念，真正摆到经济社会发展的重要战略位置上来，要求我们一切发展都必须以安全为基础、前提和保障，按照习总书记提出的“人命关天，发展决不能以牺牲人的生命为代价，这必须作为一条不可逾越的红线”这一要求，将维护人民群众生命财产安全作为义不容辞的责任担当，让各项工作在实现安全保障前提下可持续发展。

广东省深圳市光明新区垮塌现场

三、预防为主，防救结合

2015年12月，习近平总书记在中共中央政治局常委会会议上发表重要讲话，强调："血的教训警示我们，公共安全绝非小事。"我国国内风险因素也日益突出：据2018年底统计，我国现有人口13.95亿，地域辽阔、地形复杂，是世界上自然灾害最严重的国家之一，经济社会发展不均衡，导致各类事故的风险和隐患相叠加，全国每天同一刻有1亿人在马路上，4000万人乘地铁，2000万人在火车上，800多万人在井下，100万人在天上……自然界任何一点阴晴冷暖、风吹草动，任何一个人的疏忽和失职，任何一个设施、设备的突然故障，都可能对生命构成严重威胁。为实现灾害事故的有效防范，我国经过多年的实践，一步步积累经验、总结的规律和借鉴国际先进经验，探索出一条中国特色防范之路，正如习总书记在2016年唐山考察期间提出的，"新中国成立以来特别是改革开放以来，我们不断探索，确立了以防为主、防抗救相结合的工作方针，国家综合防灾减灾救灾能力得到全面提升。要总结经验，进一步增强忧患意识、责任意识，坚持以防为主、防抗救相结合，坚持常态减灾和非常态救灾相统一，努力实现从注重灾后救助向注重灾前预防转变，从应对单一灾种向综合减灾转变，从减少灾害损失向减轻灾害风险转变"。公共安全是最基本的民生，提高防灾减灾和事故灾害预防能力，是对我们党执政能力的重要考验，坚持以人民为中心，坚持防抗救结合，把确保人民生命安全放在首位，强化各项能力建设，提示全民意识，事故灾害防范之墙定越筑越牢。

2017年成都市首次双盲应急演练

成都市民众在防灾减灾馆接受应急知识教育

四、夯实基层基础

《中共中央国务院关于推进安全生产领域改革发展的意见》指出："当前我国正处在工业化、城镇化持续推进过程中，安全生产基础薄弱，生产安全事故易发多发，尤其是重特大安全事故频发势头尚未得到有效遏制，一些事故发生呈现由高危行业领域向其他行业领域蔓延趋势，直接危及生产安全和公共安全。"基层工作到不到位，基础工作扎不扎实，直接关系到人民群众生命财产安全。正如总书记所说："基础不牢，地动山摇，我们的工作必须夯实基层。"一些事故的发生和灾害防范救援不到位，往往主要表现为措施、责任不落实，规章制度不健全，安全管理混乱、水平低，忽视安全生产和灾害应急的投入，人员安全意识淡薄等。同时也有一些地区和单位，由于"双基"工作做得好，成功地避免了多起重特大安全生产事故的发生。

夯实基层一线安全基础

8·20成都市大邑县爆发山洪

2018年，在北京市房山区一处路段发生较大规模山体崩塌灾害事故前，当地地质灾害群测群防员及时发现征兆，果断拦下15辆汽车和28个行人，避免了人员伤亡和车辆损失。

当灾害来袭，这群默默无闻的群测群防员成了真正的英雄。习近平总书记指出："维护公共安全体系，要从最基础的地方做起。要把基层一线作为公共安全的主战场，坚持重心下移、力量下沉、保障下倾。"防范关口前移，充分发挥社会主义制度的优越性，强化制度建设和落实责任制，切实加强基层能力建设，提高全民安全防范意识，构建公共安全治理基础能力新格局，是确保公共安全的有效途径。

设施设备日常安全检查

成都市机关集中办公区极端天气综合演练

五、坚持底线思维

2019年1月21日，习近平总书记在省部级主要领导干部坚持底线思维着力防范化解重大风险专题研讨班开班式上发表重要讲话，强调要坚持底线思维，增强忧患意识，提高防控能力，着力防范、化解重大风险，保持经济持续健康发展和社会大局稳定。总书记多次强调，要善于运用底线思维，凡事从坏处准备，努力争取最好的结果，做到有备无患、遇事不慌，牢牢把握主动权。底线，是最低条件和最低价值标准，是不可逾越的“红线”。总书记多次强调要树立“红线”意识，在安全生产方面，他强调“人命关天，发展决不能以牺牲人的生命为代价。这必须作为一条不可逾越的红线”。“底线思维”凸显安全忧患意识，在工作中坚持安全底线思维，就要居安思危、未雨绸缪、防患未然，带着问题开展安全检查，发现问题及时整改，把安全隐患彻底消灭在萌芽状态；把安全形势和灾害应急考虑得复杂一些，把问题考虑得严峻一些，制定各类应急预案，做到有备无患，遇到安全和自然灾害突发事件，能冷静处理、积极应对，最大限度降低安全事故带来的损失，切实按照总书记提出的“牢牢绷紧安全管理这根弦，采取有力措施，认真排查隐患，防微杜渐，全面落实安全管理措施”，“维护社会大局稳定，要切实落实保安全、护稳定各项措施，下大气力解决好人民群众切身利益问题”，坚守底线思维，确保党和国家长治久安、人民幸福安康。

六、处理好追责和学习先进

以兰辉事迹为原型改编的电影《兰辉》

8·12天津港爆炸事故后航拍

2015年8月12日22时51分，天津市滨海新区天津港的瑞海国际物流有限公司危险品仓库发生火灾爆炸事故，造成165人遇难、8人失踪、798人受伤，直接经济损失68.66亿元人民币。习近平总书记对该事故做出重要指示："要落实责任追究，对维护公共安全工作成绩显著的，要予以表彰奖励；对工作不重视不扎实甚至搞形式主义的，要告诫提醒、通报批评；对失职渎职导致发生重大公共安全事件的，要追究有关领导和直接责任人的责任。"同时指出："要坚决落实安全生产责任制，切实做到党政同责、一岗双责、失职追责。"天津港"8·12"事故发生后，检察机关对25名行政监察对象依法立案侦查并采取刑事强制措施，其中正厅级2人，副厅级7人，处级16人。追责在于惩前毖后，警钟长鸣，而学习先进更是为了以英雄为灯塔，为我们前行指引方向。总书记在《之江新语》中提到："学所以益才也。砺所以致刃也。"2013年5月23日，四川省北川羌族自治县副县长兰辉在检查乡镇道路和安全生产时不幸坠崖，因公殉职，习近平做出重要批示，称赞他"是用生命践行党的群众路线的好干部，是新时期共产党人的楷模"。在安全工作中，我们必须时刻提醒自己，从小事小节上修炼自己，以先进为榜样，以自己的实际行动学习先进、保持先进、赶超先进，担负起人民赋予我们的重于泰山之责。

第二篇 安全生产发展历程

一、安全生产方针和管理体制初创时期

新中国一成立，中央人民政府就成立了劳动部，初步建立起由劳动部门综合监管、行业部门具体管理的安全生产、劳动保护工作框架体制。1949年11月，燃料工业部召开第一次全国煤矿工作会议，提出“煤矿生产，安全第一”；1954年，我国第一部宪法通过了以改善劳动条件作为国家加强劳动保护的基本政策；1963年，国务院颁布了《关于加强企业生产中安全工作的几项规定》(简称“五项规定”)，即安全生产责任制，关于安全技术措施计划，关于安全生产教育，关于安全生产的定期检查，关于伤亡事故降的调查处理等，“大跃进”时期片面追求高经济指标导致事故频发的局面得以改善，恢复重建安全生产秩序，事故明显减少。

毛泽东主席（中）视察飞机制造工厂

1959年大跃进时期小高炉土法炼钢现场，安全隐患严重

1964年炼钢生产现场

文革时期宣传画

20世纪70年代企业手工作业现场

二、“文革”动乱期

1966—1977，安全生产、劳动保护工作成为“文化大革命”对象，政府和企业安全管理一度失控，1971—1973 年工矿企业年平均事故死亡16119人，较1962—1967 年增长2.7倍；1970年劳动部并入国家计委，其安全生产综合管理职能也相应转移，同年12月，中共中央发出了《关于加强安全生产的通知》，要求各地政府部门与企业重新认识安全生产工作的重要性与必要性，要求逐步恢复安全生产、劳动保护工作机构，要求恢复以安全生产责任制为中心的安全生产规章制度；1975年2月，在周总理的关怀和指示下，在北京召开了全国安全生产会议。在时任国务院副总理邓小平的主持下，全国整顿企业管理工作初步走上了正常轨道，安全生产、劳动保护工作的整顿也取得了同步的进展。1975年9月，国家劳动总局成立，内设劳动保护局、锅炉压力容器安全监察局等安全工作机构。

三、恢复和创新发展时期

粉碎“四人帮”后治理经济环境和整顿经济秩序为加强安全生产创造了较好的宏观环境。1978年和1982年先后修订的《宪法》，以及1979年制定的《刑法》上，都列入了劳动保护方面的专门条款；政府又相继颁布了《矿山安全法》《劳动法》《煤炭法》《消防法》以及《矿山安全监察条例》《职工伤亡事故报告和处理规定》等多项法规。

20世纪80年代山西大同机车车辆厂生产作业现场

2002年11月1日《安全生产法》施行，标志我国安全生产法制建设进入了一个新的阶段。

2005年，十六届五中全会把党的安全生产方针确立为“安全第一、预防为主、综合治理”。

国家安全生产监督管理局与国家煤矿安全监察局（一个机构、两块牌子）于2001年年初组建，并于2003年成为国务院直属机构，2005年初升格为总局。从2003年起，事故死亡人数连年上升的势头得到遏制，当年比上年下降2.1%，2004 年下降 0.2%，2005 年下降 7.1%。

《中华人民共和国安全生产法》

四、肩负新时代安全发展使命之一

2014年8月31日，第十二届全国人民代表大会常务委员会第十次会议通过了全国人民代表大会常务委员会关于修改《中华人民共和国安全生产法》的决定，该法自2014年12月1日起施行。新《安全生产法》提出安全生产工作应当以人为本，将坚持安全发展写入总则，“安全第一，预防为主，综合治理”的安全生产工作十二字方针被确立，加大对安全生产违法行为责任的追究力度。

2016年12月发布的《中共中央国务院关于推进安全生产领域改革发展的意见》，是新中国成立以来第一个以党中央、国务院名义出台的安全生产工作的纲领性文件。文件提出的一系列改革举措和任务要求为当前和今后一段时间内我国安全生产领域的改革发展指明了方向和路径。

此次意见明确提出坚守“发展决不能以牺牲安全为代价”这条不可逾越的红线，规定了“党政同责、一岗双责、齐抓共管、失职追责”的安全生产责任体系，要求建立企业落实安全生产主体责任的机制，建立事故暴露问题整改督办制度，建立安全生产监管执法人员依法履行法定职责制度，实行重大安全风险“一票否决”。

现代化安全生产标准化生产现场

五、肩负新时代安全发展使命之二

2018年1月，中共中央办公厅、国务院办公厅印发了《关于推进城市安全发展的意见》，总体目标是2020年城市安全发展取得明显进展，建成一批与全面建成小康社会目标相适应的安全发展示范城市；在深入推进示范创建的基础上，到2035年，城市安全发展体系更加完善，安全文明程度显著提升，建成与基本实现社会主义现代化相适应的安全发展城市。持续推进形成系统性、现代化的城市安全保障体系，加快建成以中心城区为基础，带动周边、辐射县乡、惠及民生的安全发展型城市，为把我国建成富强、民主、文明、和谐、美丽的社会主义现代化强国提供坚实稳固的安全保障。

成都市将建设成为首批国家安全发展示范城市

2018年3月13日，第十三届全国人民代表大会第一次会议审议并通过了国务院机构改革方案。方案提出，不再保留国家安全生产监督管理总局。将国家安全生产监督管理总局的职责，国务院办公厅的应急管理职责，公安部的消防管理职责，民政部的救灾职责，国土资源部的地质灾害防治、水利部的水旱灾害防治、农业部的草原防火、国家林业局的森林防火相关职责，中国地震局的震灾应急救援职责以及国家防汛抗旱总指挥部、国家减灾委员会、国务院抗震救灾指挥部、国家森林防火指挥部的职责整合，组建应急管理部，作为国务院组成部门。至此，我国应急管理事业改革发展步入了新的历史进程。

第三篇 “安全机关”成都探索

安全机关建设工作部署会

日常安全巡查

一、落实安全生产主体责任

成都市机关事务管理局认真贯彻市委、市政府安全生产有关决策部署，牢固树立安全发展理念，坚持底线思维，切实增强忧患意识，结合省、市安全生产工作形势和具体要求，层层传导压力、级级压实责任，充分利用“人防、物防、技防、制度防”等措施，做好市级机关内部安全防范明确工作重点、严格检查监督，始终保持安全生产工作高压态势，促进主体责任落实到位，优质高效地确保了市级机关集中办公区各项政务活动顺利有序开展，为国际化营商环境建设提供了有力的安全运行保障。

二、打造安全生产综合治理格局

成都市机关事务管理局在机关安全管理工作中，树立“安全机关共建共享”理念，积极整各方力量，通过明确牵头任务、签订责任书、强化目标管理等手段形成了齐抓共管的安全工作体系，同时与集中办公区各入驻单位一道研究制定了《成都市市级机关房屋安全管理规定》《市级机关集中办公区安全工作网格化管理规定》《成都市机关事务管理局安全工作标准化管理办法》等制度规定，厘清了工作边界，推动了责任落实，构建了“大安全”的工作格局。

完善的消防设施

成都市市级机关集中办公区

细致排查

专家检查评估

三、建立安全生产防控和隐患排查机制

成都市机关事务管理局始终坚持风险分析，切实筑牢安全生产防线，严密防范各类安全生产事故发生。坚持每月开展“三个风险点”排查梳理，并根据排查实际，严密制定科学有效的风险防控方案，完善防控管理措施，实施风险、隐患闭环管理，积极构建了安全长效防范机制。此处还提出了三点要求：一是要针对岁末年初安全生产规律和特点，在“双节”前扎实组织消防、电气、玻璃幕墙（窗户）和专属空间安全隐患排查工作。二是要认真梳理排查发现的各类安全隐患问题，有针对性地提出整改措施和整改时限，对重大安全隐患问题要不等不靠，明确专人负责，采取有力有效措施进行消除和管控。三是要高度重视本单位专属空间、重要机房、档案室等专用库室的安全工作，每天要安排专人进行巡查，严防办公区内火灾、漏水、电气和高空坠物等事故发生。

四、实施网格化管理

经过多年来的持续努力，集中办公区建立了由安保网格管理指挥中心、监管中心、执行中心、网格监督员构成的网格化管理体系，对集中办公区的网格进行了划分，明确了网格化管理的流程和各组成机构的职责。初步建立了包含消防系统、视频监控、通讯系统、组织机构、突发事件、人员风险管控、设施设备维护等两大类12小类基础信息台账框架。网格监督员分班对网格进行24小时的巡查，及时发现存在的问题，并根据网格化日常管理流程处理。市级机关集中办公区管理工作逐步形成了横向到边、纵向到底、全域覆盖的“网格化”安全管理工作格局，总体形势平稳可控。

网格监督员在进行巡查

分班对网格进行24小时巡查

五、建立应急处突机制，站好应急值守岗

成都市机关事务管理局高度重视应急处突机制建设，建立和完善了应急组织领导机构和应急预案，确保各类突发事件得到有效处置。充分依托指挥平台功能，建立应急处突综合通讯保障机制、应急处突联动机制、应急队伍准备和管理机制等措施，强化信息化模式下的应急处突管理机制体系建设，做好事故和灾害应急准备；严格落实领导带班和24小时值班制度，做好“双节”期间应急值守工作；注重职工的安全教育，确保应急值守人员全面掌握本单位工作情况，熟悉应急处置流程，确保发生事故或遇有重要紧急情况，能快速按规定报告并启动应急预案，有效预防和处置突发事件。

构筑机关安全抗洪防线

多方联动，组织有序

现代化的监控指挥平台

六、融入信息化管理手段

信息化调度手段

成都市机关事务管理局始终坚持科学治理，切实加强安全基础保障能力。将信息化和标准化建设放在首位，充分发挥市级机关集中办公区安全工作“网格化”管理制度优势，利用市级机关安全监管指挥平台进一步提高智能监管效率，有效整合消防、资产、公务车辆、能源系统等信息平台，确保各类安全隐患精准发现、科学排除、智能管控。严格把握安全生产源头管控，切实厘清水电气等能源系统安全生产责任，严格制定标准和管控措施，确保了安全管理有制度可循，有标准可依。

七、以宣传教育为引领

成都市机关事务管理局以宣传教育为引领，加大市级机关公共空间安全宣传力度，充分利用市级机关集中办公区域内的电子宣传屏、宣传展板、公共区域等载体和空间及时开展针对性强的安全教育，推进消防、安全、禁烟宣传进机关活动，积极开展主题宣传，在入驻单位和工作人员中营造了时时讲安全、事事抓安全、人人保安全，安全机关共建共享的良好氛围。

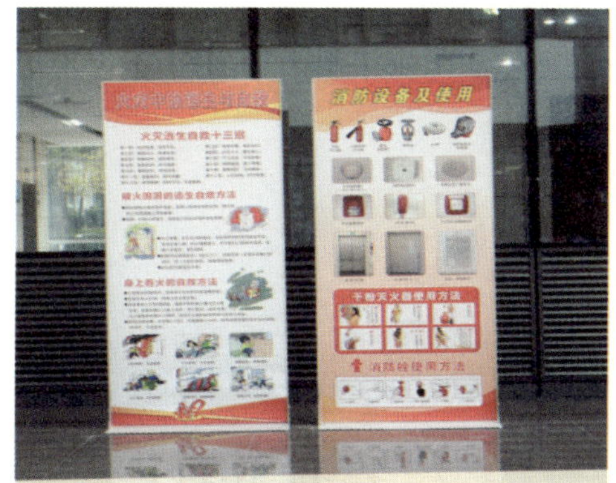

办公区消防安全宣传展（一）

办公区消防安全宣传展（二）

办公区安全生产月宣传活动

八、创建"安全运动会"安全文化品牌

为深入贯彻落实党的十九大精神和省市全会精神，加快建设美丽宜居公园城市，深化"平安成都"建设，自2017年以来，成都市机关事务管理局开拓创新，变静态宣传为动态宣传，将日常工作、生活中安全隐患辨识和防范，安全技能提升教育培训工作融入体育竞技比拼活动，以"群策群力、群防群治、安全机关、共建共享"为主题创建了"安全运动会"这一安全文化品牌，让机关工作人员通过体验式的活动增强对安全工作重要性的认识，以更加直观的形式掌握安全防范的方法技能，以更加生动的方式让参与者认识和防范身边存在的安全隐患对提升广大干部职工安全意识和防范能力都具有十分重要的意义。

成都市市级机关安全运动会

鸣谢：本书在出版过程中部分借鉴和参考了一些优秀设计素材，著作权归原作者所有，在此表示衷心的感谢。因出版前无法与所有原作者取得联系，原作者如认为侵权，请立即与本书作者联系（电话：028-61888036）。